40 ESCRITOS

ARNALDO ANTUNES

40 ESCRITOS

Organização: João Bandeira

ILUMI//URAS

Copyright © 2000
Arnaldo Antunes

Copyright © desta edição, 2014
Editora Iluminuras Ltda.

Prefácio e organização
João Bandeira

Projeto gráfico e capa
Arnaldo Antunes

Produção gráfica
Eder Cardoso / Iluminuras

Revisão
Bruno D'Abruzzo

CIP-BRASIL. CATALOGAÇÃO-NA-FONTE
SINDICATO NACIONAL DOS EDITORES DE LIVROS, RJ

A642q
Antunes, Arnaldo, 1960-
   40 escritos / Arnaldo Antunes ; organização João Bandeira. - São Paulo : Iluminuras, 2000. - 1. Reimpressão, 2014 - 152 p. ; il. ; 21 cm

   ISBN 85-7321-139-3

   1. Poesia brasileira. I. Bandeira, João. II. Título. III. Título: Quarenta escritos.

12-1452.   CDD: 869.91
                        CDU: 821.134.3(81)-1

12-03-12 16.03.12

2014
EDITORA ILUMINURAS LTDA.
Rua Inácio Pereira da Rocha, 389 - 05432-011- São Paulo - SP - Brasil
Tel./Fax: 55 11 3031-6161
iluminuras@iluminuras.com.br
www.iluminuras.com.br

Sumário

Outro um — *João Bandeira*. *9*

1. Bom-dia, década. *13*

2. Dois poréns. *16*

3. Dyonelio Machado. *19*

4. A realidade também emburrece. *22*

5. Consertos no casco do barco. *26*

6. Tons. *28*

7. Repetição do perigo. *31*

8. Cabeça Dinossauro. *33*

9. Banal. *34*

10. Barulho e música. *37*

11. ABZ do rock. *38*

12. O desafio da facilidade. *39*

13. Fatalidade. *43*

14. Sentidos em todos os sentidos. *44*

15. Sentidos simultâneos. *46*

16. Olhar do artista. *52*

17. Big Bang. *54*

18. Marcianos. *58*

19. Chuva. *59*

20. Derme/verme. *63*

21. Riquezas são diferenças. *68*

22. Canções. *72*

23. 21 metas para a televisão do futuro. *76*

24. Dorival Caymmi. *79*

25. Ponto de contato. *82*

26. Winterverno. *86*

27. Poesia Concreta. *88*

28. Era Tudo Sexo. *95*

29. Isso *(para Tunga). 99*

30. O amor. *104*

31. O receptivo. *105*

32. Casulo. *109*

33. Desorientais. *114*

34. Singing Alone. *117*

35. Caligrafias. *120*

36. Entre. *129*

37. Vida ou vida. *131*

38. Na Pressão. *134*

39. Celebração do desejo. *138*

40. De pedra. *142*

Outro um

João Bandeira

Riqueza de recursos e domínio técnico
não representam, por si, positividade criativa.
Nem tudo que se tem se usa.
Há tempos leio com gosto coisas assim
em textos que Arnaldo Antunes solta de vez em
quando aqui e ali. Gosto por esse modo de sintetizar em
formulações originais o que tem a dizer
sobre determinado tema,
sobre um assunto qual ele quer,
contra o que muitos já estavam distraidamente de acordo,
para não chover no molhado, e
sem baratear a discussão
com essa maneira de não por assim dizer.
Indo direto ao x do problema.
Nenhuma grandiloquência, nenhuma
profundidade explícita.
Arnaldo me chama para organizarmos uma seleção
de escritos esparsos — em páginas
de jornais, revistas,
catálogos de exposições, prefácios, releases,

além de um ou outro ainda mais avulso
— no formato livro e
diferente dos que ele havia lançado até então.
Para quem está chegando agora e
mesmo para quem já vem
acompanhando os artefatos dele em diversos meios, este livro
esboça o mapa de um pensamento
em que se pode entrever
algumas *o trânsito entre linguagens, uma injetando*
suas particularidades na outra formações *a urgência da criação*
contaminada de vida, contaminando a vida recorrentes
o incomum dentro
do comum. Ideias sobre coisas
que ele conhece de dentro, porque tem
sempre lidado com elas.
Mas essa quase-auto-cartografia é em grande parte feita
de pedaços escolhidos em outros lugares. *Porque*
ninguém está imune ao olho do outro.
Aqui Arnaldo fala de música, poesia,
artes visuais, técnica ou comportamento, interessando-se
também pela maneira como tudo isso se dá
no trabalho de outros, abrindo-se a eles e
ensinando a abrir não só os olhos.
E em quem ou quê Arnaldo se fixa,
ligando os sentidos no *que faz fazer*
sentido, vai ficando mais fácil perceber

o quanto *multiplicaram-se*
os meios, os procedimentos e as formas de enfrentar
a questão da novidade frente à tradição.
Nos vinte anos abarcados por estes *40 escritos*
Arnaldo se tornou um interlocutor importante
para muitos artistas
e o diferencial de sua atuação ficou evidente
para um número cada vez maior de pessoas.
Enquanto trabalhávamos neste livro,
fiquei pensando
que talvez isso aconteça
porque embora se empenhe na *conquista*
de um sotaque próprio, ele está sempre
disposto a reaprender *como se aprende a cair*
depois que já se sabe andar. De minha parte, continuo
a aprender com ele sobre
o apuro em procurar clareza e a certeza de que tudo é impuro.

Bom-dia, década

*revista **Almanak 80**, 1980*

Alguma coisa é desintegrar o branco da folha. Alguma coisa como um beijo.

Chove no mundo. No teto de todo mundo. Alguma coisa antiga.

Quando eu pensei no começo do fim da década de setenta que a maneira de se fazer as coisas importava mais do que a coisa feita eu não media as fronteiras de um beijo. Do bem imprevisível contra o mal instituído. Do bem possível dentro da maneira com que o mal. Beleza. Religiosidade contra religião. Eu ainda não sabia usar a palavra inerência, marca de batom no papel yes. Eu nunca soube. Coisas de mil novecentos e setenta e nove.

Eu já tinha escrito isto:

> *Se você pegar o através*
> *sentido atravessado do que vai*
> *maneira crença com a qual se faz*
> *você diz*
> *é de dentro que se sai*
> *você vê*
> *que a água é um desenho a se formar*
> *que tudo agora vai se desmanchar*
> *jamais saímos do fundo do mar*
> *você sim*

que é de ser até o és
até o yes do ser
é de pegar o através —
a paisagem fera da beleza
alteza morte de pernas abertas
a frase interrompida em horas certas.

quando eu li:

"A mentalidade chinesa não dá ênfase a 'o que' e sim ao 'como'. Em outras palavras, os ocidentais usam o 'que' para personificar e absorver o 'como'". (Chang Tung-Sun)

e depois li:

"decididamente a favor do advérbio de modo" (Caetano)

Alguma qualquer coisa. Legal que as coisas aconteçam nessa ordem de convergência e dissolução. O imprevisto é a prova mais linda da ordem natural das coisas. E eu vou aprendendo a acionar meus ímãs no instante em que as coincidências se armam. Faíscas aos olhos.

Atlântida emerge a cada segundo lá do fundo.

Civilização líquida. Dúvida de existência. Maneira crença com a qual se faz: certeza de sim.

E então andam acontecendo coisas assim — eu vir cantando uma música do ônibus à rua, da rua à porta, e entrar em casa com ela tocando no rádio. Flashs do destino. Tudo tão sem por querer, pensar nela e vê-la, depois de tanto. Sideralmente natural.

Outra coisa: "A fé é o guia da ação" (Waly Salomão). — Lido repetido repetido repetido cinco vezes em letras maiores. Provérbio de folhinha.

A palavra sim. Mantra. Alguma coisa de lúcias. Passos de pelúcia para não se acordar. Avalanches de anjos. Rock.

Como Cartola entrevistado pelo Fantástico: perguntaram sobre a tristeza, porque ele é um compositor triste, e tal. Resposta: "Eu não sei o que significa essa palavra, eu nunca fui triste".

Cartola repleto de luz. Estórias dos anos setenta.

Caderno de receitas: a arte deve ser sempre a fonte rejuvenescedora, mesmo que fale de velhice. Força estranha.

Todo ser luminoso é um ser iluminado, porque todos os prantos, todos os mijos, todas as águas estão unidas por um mesmo mar de tudo, barriga da mesma mãe. Quem tiver olhos, que ouça.

Diário de bordo: tudo está em movimento. Repouso = ilusão ótica.

Ver as coisas a pelo. Teu cabelo.

Através de um inseto: lembrar sempre do pé da mesa convertido em coluna caminho continuidade do chão.

Tudo se move. As árvores e os relógios. Tudo água.

Caderno de escola: a eletricidade das garças.

Bom-dia, década.

Dois poréns

suplemento **Folhetim, Folha de São Paulo**, *28/04/85*

1

Esse papo de dizer: "rock nacional", genericamente, como se os grupos de rock que têm surgido atualmente respondessem às linhas de um mesmo movimento estético está furado. Por aqui se ouve: *Titãs Made in Brazil Ira Magazine Mercenárias Lulu Santos Ratos do Porão Capital Inicial Blitz Metrô Olho Seco Ritchie Ultraje a Rigor Telex Absyntho Legião Urbana Barão Vermelho Voluntários da Pátria Paralamas do Sucesso 25 Segundos Depois Sempre Livre Léo Jaime e os Melhores Lobão e os Ronaldos RPM Cólera Coqueluxe Grafite Brylho Biquini Cavadão Inocentes Kid Abelha e os Abóboras Selvagens Celso Blues Boy Jerry Adriani Degradée Garotas do Centro Miquinhos Amestrados Cabine C Zoo Gang 90 Smack Zero Fevers Herva Doce Rádio Táxi.*

É legal que as diferenças saltem com uma força muito maior do que qualquer sentido comum que possa haver entre essas bandas; que o futuro tenha muitas faces e que pareça velha e impossível essa história de um monumento que encaminhe a MPB para uma determinada direção.

O retorno dos grupos, no lugar de estrelas individuais é óbvio. A intensa campanha mercadológica em cima do rock também. *Rock in Rio.* Videoclips. Danceterias. Mas é preciso cegueira para pensar esse fenômeno enquanto um movimento, como foi por exemplo a Jovem Guarda.

16

Outro mês, Décio Pignatari escreveu nesta mesma *Folha de São Paulo* que o "rock nacional" não acrescenta nada à MPB. Estava se referindo a quê?

Não existe "rock nacional". Existem brilhos esparsos. Novidades e velharia apontando para muitos lados.

2

Tem um tipo de pensamento que supervaloriza a complexidade, enquanto parâmetro de qualidade artística. Confunde precariedade com pobreza, sinteticidade com banalidade, acabamento com concepção. Os mais burros ficam julgando as canções conforme sua justeza a consciências ideológicas predeterminadas. O pavor de ser ludibriada quanto ao valor real de uma canção afasta a crítica da detecção de sua veia e ergue as máscaras de avaliações equivocadas. Diante de fraseados virtuosos e harmonias complexas, sentem-se seguros para qualificar. Mas como aceitar a potência das letras diretas, das melodias fáceis e das batidas primárias dos ídolos do AM?

Proliferam produtos bem acabados tecnicamente, mas aguados. Muita competência pra pouco desempenho. O gomo da criação está em outra casca. Riqueza de recursos e domínio técnico não representam, por si, positividade criativa. Esse limite tem sido enganador. Os índios só precisam de um tambor. A novidade pode habitar tanto sequências harmônicas dissonantes quanto a repetição insistente do mesmo acorde. Nem tudo que se tem se usa.

Falta uma outra espécie de parâmetro que defina qualidade, no universo musical. Uns fazem canções, outros fazem som, alguns fazem barulho. "Música jovem em paisagem bárbara".

O valor de uma canção deve estar associado a suas proprie-
dades físicas sobre o corpo. O tato se liga diretamente aos canais
dos ouvidos. O coração altera seu ritmo, o pé balança involun-
tariamente, a pele se arrepia. O corpo reage fisiologicamente a
qualquer música. O rock restitui muito desse laço. E a análise
crítica deveria levar em conta a maneira como aquele som atua no
corpo, o tipo de emoção que ele constrói, que região do cérebro
é despertada, de que maneira se pode dançá-lo, etc. Por que a
melodia da trilha de um filme de faroeste classe c me arrebata tão
profundamente? Por que essa canção não sai da minha mente? O
que é um som quente?

A consciência crítica que ignora os efeitos físicos produzidos
pela música no corpo, não compreende o couro dos heavy-metals,
a autoflagelação dos punks, as sutilezas dos efeitos das drogas
sobre o som, e o som.

Dyonelio Machado

Folha de São Paulo, 29/06/85

Quem disse que isso mata?

Sexta-feira, dia 21, deu na *Folha*. O cara se abaixou para amarrar os sapatos, levou um tombo e morreu. Epitáfio: "Autor *d'Os Ratos*. Amarrou os sapatos". Mas os caras não sabem quem era Dyonelio Machado. Deram a ele uns prêmios literários, mas os caras não se lembram dos ratos roendo todo o dinheiro em cima da mesa, aqueles barulhos estranhos.

Nem só na poesia há poesia. "Há poesia na dor, na flor, no beija-flor, no elevador" (Oswald de Andrade). Há poesia nos fatos. "Dyonelio sofreu uma queda em casa, dia 8, ao amarrar os sapatos. Isto lhe custou uma cirurgia dois dias depois, já que o colo do fêmur sofreu fratura. Logo depois da operação surgiram problemas com uma infecção respiratória, que acabou evoluindo para pneumonia". Se ainda a notícia mencionasse apenas a cirurgia e a pneumonia... Mas ele fora amarrar os sapatos. O que faz haver ou não haver poesia nas coisas.

Eu não li *O Louco do Cati*, *Desolação*, *Eletroencefalograma*, *Passos Perdidos*, *Deuses Econômicos*, *Fada*, *Sol Subterrâneo*. Eu só li *Os Ratos* e a notícia de sua morte. Mas me impressionou a coerência entre o livro e o fato; entre um fato e outro. Essa menção a um dos atos mais comuns — o de amarrar os sapatos — originando a morte, tem algo parecido com o tom de sua narrativa. Tragédia sem drama. O incomum dentro do comum, como o miolo do pão dentro da casca do pão. Nenhuma grandiloquência. Nenhuma profundidade explícita. Tudo ali: os planos pra conseguir a grana, o café, as fichas sobre o número 28, o leiteiro, a esposa, o penhor. Uma estranheza que não é estranha ao normal de onde ela vem — como a repetição da última letra no nome de Naziazeno. Como a morte nos cadarços.

Em *Os Ratos,* as perdas de tempo, as faltas de assunto, as repetições da mesma preocupação não são omitidas. As insistências nos detalhes desfazem a expectativa de um leitor acostumado a receber apenas as informações vitais para o desenvolvimento da trama. Um dia como um dia, e seus abismos: "O dia continuou... O dia não parou..." (pág. 69 *d'Os Ratos*).

Quer dizer: ele morreu de um jeito parecido com o jeito do livro dele, que também tinha um jeito parecido com a sua pessoa — isso detectado por Érico Veríssimo, em 1970, num depoimento ao extinto jornal gaúcho *Folha da Tarde,* intitulado "Dyonelio sem editor": "— E que pensa você do escritor Dyonelio Machado? — Muito parecido com o homem, o que é outro sinal de sua inteireza...".

Um dos traços de modernidade riscados em *Os Ratos é* a ruptura dos limites entre o discurso indireto (do narrador) e o direto (do personagem) — procedimento que mais tarde marcaria a obra de Graciliano Ramos. A impessoalidade transparente do narrador vai se dissolvendo progressivamente no decorrer do romance. Nos últimos capítulos, quando o personagem Naziazeno imagina, de sua cama, os ratos devorando o dinheiro que havia deixado sobre a mesa da cozinha, essa ruptura assume tal radicalidade que o ritmo do próprio texto se altera. Inúmeras reticências passam a pontuá-lo, envolvendo a sintaxe na obsessão do personagem. Esse nível de envolvimento do texto com o objeto de sua referência, em Dyonelio, parece reflexo da dissolução de um outro limite — aquele em que viver (ou morrer) é diferente de escrever (ou de amarrar os sapatos).

"... Ponho de parte a minha condição de médico, que se veria no dever de encontrar razões somáticas para explicar a cessação de uma vida: a dor literária era tudo quanto bastava para fazer parar um coração sensível..." (Dyonelio, 18/10/44, sobre a morte de Mário de Andrade).

A realidade também emburrece

Folha de São Paulo, 28/10/85

Notícias Populares, 18/06/85: "Titãs acusam TV de burrificar as pessoas em seu novo disco".

O poeta Waly Salomão, no *release* desse disco: "... acontece que os Titãs são inteligentes, irônicos demais para encamparem a visão do fenômeno televisivo como encarnação do mal, a televisão enquanto Hidra de Lerna eletrônica".

Um jornal publicou, a partir do *release:* "... é uma visão do fenômeno televisivo como encarnação do mal, à base de muito humor...". Acontece. Há quem ouça mal e há quem entenda mal o que ouve.

Mas normalmente os burros tentam esconder a própria burrice — o que os diferencia dos chatos, que ostentam inevitavelmente a sua condição — seja na TV, nas páginas dos jornais ou na convivência diária.

A burrice cantada na primeira pessoa é, ao menos, diferente.

Tudo bem. "Televisão" (a música) soa claramente nas FMs, com sua burrice = anti-imunidade. Agora eu quero falar mais da Televisão (o aparelho), e desse preconceito-preservativo que a encara como o Monstro da Massificação.

Uma vez eu estava assistindo uma dessas novelas rurais da Globo, do horário das seis, na tevê coletiva de uma fazenda. Um dos colonos comentou que não gostava desse tipo de novela, porque caipira ele já estava cansado de ver ali todo dia. Ele gostava, sim, de novela que mostra as pessoas ricas da cidade. Já outros curtiam se identificar com os caipiras da novela. Outros, outras coisas.

A atração pela diferença, a busca de identidade, a indiferença, são apenas algumas das formas de se relacionar com a televisão. O cara que desliga a TV e sobe para o quarto de dormir não pode ver do mesmo jeito que o cara que acolhe a TV em seu quarto e dorme com ela ligada. Mas, na pior cegueira, todos os gatos são pardos. Titãs e Dominó.

A crítica da televisão que monstrifica o seu aspecto massificante exclui um elemento fundamental do processo, que é o telespectador. Se não exclui, menospreza sua capacidade de manipular o aparelho.

O cuidado em não se promiscuir com os raios catódico-
-emburrecedores é gerado pela preguiça de cavar uma maneira própria de se relacionar com o objeto. Mais cômodo é afastar qualquer possibilidade de contaminação. Mais asséptico. As pessoas se preservam do risco de envolvimento com a mediocridade televisada para repetirem a mediocridade universitária. Não podem apreciar a vertigem de um anúncio de sabonete, a graça patética de uma imagem da novela sem o som, ou a perda de tempo (Sombra Monstruosa do Monstro) de assistir um desenho animado em pleno horário comercial da segunda-feira.

Sabe-se que a televisão trabalha com a repetição de formas já assimiladas, com padrões estáveis e um baixo grau de novidade ou estranhamento. O tratamento da linguagem que exige um esforço de compreensão formal um pouco maior, para a comunicação de massa, é ineficiente. A renovação técnica é uma exigência constante, mas a linguagem tartarugueia (quando não carangueja). Se por um lado isso rebaixa seu valor criativo, por outro há a vantagem da televisão se tornar um objeto totalmente incorporado ao cotidiano — como uma janela.

Você olha a janela todo dia. O que você aprende do que o seu olho apreende? Do que a sua antena capta, o que você captura?

Um exercício interessante: inverter o atrativo da televisão. Assistir qualquer coisa tentando não compreender nada. Você vê as cenas, a sequência das cenas, as pessoas, o que as pessoas fazem; ouve as vozes, a música, os ruídos. Mas você não entende o que está acontecendo ali. Cria uma estranheza, uma dificuldade intencional de seguir aquilo que se quer mostrar. Olhe por um momento a cara da sua mãe procurando não reconhecê-la.

Outro: ver televisão, apenas. Ver televisão com os olhos puros, entregando-se à sua banalidade. Esse exercício funciona como um aprimoramento da facilidade, da tolerância, da maleabilidade da mente e do espírito. Aula de culinária às onze da manhã.

Muita gente faz coisas escutando música. Pode-se também fazer coisas vendo televisão. Ela fica ligada enquanto você faz outra coisa qualquer. Às vezes você olha para ela e se desconcentra daquilo que estava fazendo.

Com o advento do controle remoto, inauguraram-se novas possibilidades de brincar com a televisão. A simultaneidade dos canais se tornou mais tentadora. As interrupções, mais frequentes. Flashes.

Eu quero é mais: tevês de bolso, tevês descartáveis, telas circulares, novas possibilidades de alteração da imagem e do som, maior número de emissoras, programação constante sem interrupção de madrugada, salas com muitos aparelhos, para ligá-los ao mesmo tempo em canais diferentes — como em *O Homem Que*

Caiu na Terra, ou como os mendigos que assistem às pilhas de televisores ligados nas vitrines das lojas.

A televisão ensina muitas coisas; até mesmo no telecurso.

Não adianta conversar com a sua avó sobre os novos modelos de computador. Você vai ter que falar de outras coisas (ou falar de outro jeito sobre os computadores). Se você não se permite isso, vai ficar conversando só com o pessoal da IBM. Ou com os próprios computadores.

Agora você pode querer aprender outras coisas. Você olha a janela para quê?

Consertos no casco do barco

Folha de São Paulo e *Jornal do Brasil*, *03/01/86*

quem?
mim-
guém?

Eu devo ser um pouco bandido, se tanta gente me viu com esse olho. Eu devo ser um pouco bandido, um pouco louco, um pouco coitado, um pouco perigoso, artista, otário.

Porque ninguém está imune ao olho do outro.

Mas nada disso se chama Arnaldo. O cara que sentou na tinta fresca. Flagrante. Vida íntima devastada, para a visitação pública. Motivo de estúpida apologia ou condenação das drogas. Exemplo de perigo. Pretexto para mentiras. Prometeu com as vísceras expostas às rapinas de furos para as páginas policiais.

E quero falar de tudo isso um pouco. No jornal.

Que não vi o sol nascer quadrado, vi com luz elétrica. E espelhos eram proibidos, então eu ficava sendo comigo só o que é. Sabia como estava a minha cara depois, pelos jornais. Reconhecia esse cara.

E não escrevi nada nas paredes tão reescritas. Nem meu nome. O tempo dilatado da cadeia.

No primeiro sábado em que estive preso apareci também no Chacrinha. Achava engraçada essa ubiquidade entre as duas jaulas. Na cela e na tevê.

Exercício constante de lidar com a diferença. Policiais e presos. Clareza interior somada à adaptabilidade externa.

Fazer daquele um local suportável, mas não agradável. Era preciso mantê-lo inóspito (saber a todo momento que não tinha nada a ver comigo), mas era onde eu estava, então nem tanto e por isso mesmo. Procurava o ponto de equilíbrio entre o desejo de sair e a capacidade de me relacionar com aquilo.

Cartas eram bem-vindas, flores foram postas na água.

Agradecimento profundo a quem viu a minha pessoa, em vez de ver a invasão de uma droga perigosa no mercado nacional, ou o mito da necessidade de transgressão do artista, ou a figura do roqueiro como marginal, ou o código penal, ou o que quer que fosse.

Contra os que me usaram de lente através da qual os monstros se mostram.

Nem a droga da prisão, nem a droga da droga, nem a droga da piedade, da miséria ou da glória que possa inspirar tudo isso — diminuem ou aumentam o valor do meu trabalho com a linguagem. Clareza. Falem claro. Dois olhos sabem ver mas não são faro.

Se eu estava ali era pra eu não estar em nenhum outro lugar. Então eu ficava ali, tentando manter essa reverência para com a minha condição — compreendendo como um privilégio a oportunidade de ter esses conhecimentos.

Agora, que a discussão se faça. Condenem ou defendam publicamente (leis, costumes, drogas, aspectos sociais, físicos, espirituais) — mas sem me usar como exemplo de uma coisa ou de outra. Símbolo de nada. Defesa ideológica de coisa alguma.

Eu me situo unicamente na violência arrebatadora do real. Uma coisa sem graça. Uma piada de que ninguém riu.

Tons

Folha de São Paulo, 04/05/86

O tom é o sal da mensagem.

É duro engolir uma comida sem sal.

Nada a ver com o tom no sentido técnico, usado na música (dó ré mi fá) ou na pintura (as diferentes tonalidades de uma cor). Estou falando de "tom" no sentido vulgar do termo. Quando se diz que algo tem um tom nobre, ou pesado, suave, ácido ou agressivo, ou foi dito em tom de brincadeira, ou parece algo muito antigo, ou soa com severidade, ou frieza etc.

Ela disse que não aguentava mais ver a minha cara, num tom amistoso demais. O que isso significa?

A frase que eu digo não será a mesma frase se sair da sua boca. Ou se eu a disser dentro de outro período. Ou com outra ordem das palavras. Ou se houver uma trilha sonora ao fundo. Ou se mudarmos a trilha sonora. Ou se ela for escrita numa letra trêmula. Ou em tipo composto num jornal. Ou como letreiro de uma loja. Ou se dita só para testar o eco desta sala. Ou se for mentira. Ou se tiver uma plateia escutando.

Essas variações geram diferentes tons. Mas onde eles se localizam exatamente? Até que ponto são intencionais?

Contrabando de tons — Personagens de ficção científica falando como monges zen. O que chamam de pós-moderno?

A linguística e a filosofia da linguagem custaram a ver o contexto de enunciação como parte constituinte do discurso, e relevante em suas detonações de sentido. A situação, a voz que emite, o jeito como o texto é impresso. O discurso indissociável da sua práxis; impossível de ser estudado fora dela. A linguagem e seu uso — acima de significante e significado.

E as gramáticas normativas caíram no descrédito.

Claro que há mensagens mais ou menos transitivas em relação ao seu contexto. Mas a questão é que a tevê, o rádio, o discurso coloquial, os outdoors, a arte de vanguarda, o jornal, o gibi, os enganos telefônicos, a música pop e a vida moderna em geral trouxeram consigo uma crise do sentido. Do mundo dicionarizado. Da correspondência unívoca entre uma palavra e aquilo que ela representa.

Essa crise não significa obscurecimento, ou ineficiência comunicativa. Apenas a clareza de uma mensagem depende agora, mais do que nunca, de um uso apropriado. Estamos mais perto de Zelig do que da incomunicabilidade.

É legal que algumas gírias possam dizer algo numa dada situação e dizer exatamente o oposto, em outra. Coisas como "Só!", "Falou!", "Qualquer coisa", "Tudo bem", "Podes crer" — têm positividade/negatividade relativas. Dependem inteiramente do uso. E aí eclodem os significados virtuais. O sentido substituído pela sugestão de sentidos. Paradoxalmente, isso não obscurece a mensagem. Não há ambiguidade no uso de uma gíria.

Há até expressões que podem ser empregadas em mais de uma função sintática, como "puta", que cumpre não só o papel original de substantivo, como o de adjetivo ("Ganhei uma puta grana", "Fizeram um puta som"), sendo também usada como interjeição (pode-se dizer "Puta!" como se diz "Oh!").

Mensagens transparentes, como as que Humpty Dumpty usava. Só que funcionam perfeitamente no processo comunicativo.

Alice compreenderia.

O "tom" diz respeito à linguagem em sua efetivação concreta, dentro de um contexto linguístico e situacional. Está presente não só nos elementos que compõem a mensagem em si (escolha das palavras, organização sintática), como no gesto que a acompanha, na intenção que lhe é dada, no papel em que foi impressa, no desejo de quem escuta. É como o cheiro, que habita tanto o objeto de onde provém, quanto o ar que o cerca.

Um livro não pode ser lido da mesma maneira em sua primeira e em sua quinquagésima edição. O cheiro é diferente.

E duro engolir uma comida sem cheiro.

A crise do sentido é também uma crise da verdade. Um fato é a intersecção entre suas versões, ou apenas uma delas? Ou nenhuma delas? Entender e sentir são sinônimos? Para meio entendedor boa palavra basta?

Mix, Jones, Jobim, Sawyer, Waits.

Tons.

Repetição do perigo

*catálogo da mostra de vídeo **Olho do Diabo**,*
*de Aguilar, **IV Vídeo Brasil**, 1986*

Ele dá aula. Que mais eu posso dizer? Eu que nunca fui bom aluno de ninguém e estou aprendendo desde a barriga de mamãe. Antiaula. Aguilar dá antiaula. De se aprender sem aprender. Como se aprende a cair depois que já se sabe andar. Como quando trabalhei com ele no vídeo *Sonho e Contra-Sonho de uma Cidade,* nas performances e na Banda Performática.

Que as pessoas tímidas são os melhores atores. Na tela se revelam. Que a câmera pega uma aura que você não sabe que tem. Alquimia eletrônica. Que quando se está no auge do cansaço, depois de filmar horas e horas, aí às vezes saem as melhores coisas. Que você pode pisar no chão e isso não ser nada, ou pode pisar no chão e isso ser uma performance fabulosa. Dependendo da maneira como você faz. Assim você pode fazer qualquer coisa, mas também não pode. Você está livre, mas com o rigor absoluto da verdade/intensidade de cada gesto. E a beleza do lixo. E a repetição do perigo. E a descompartimentação, ou seja: contra a lei do olho sem ouvido, do ouvido sem tato, do tato sem sotaque e assim por diante. Ou seja: contra a lei da pintura sem música, da música sem gesto, do gesto sem cheiro, etc. E o profano sacralizado. E que a execução de um quadro pode durar três segundos mas conter três milênios de ideias. Que a cultura é uma prostituta, e é assim que Aguilar a trata. Bandidagem. Dashiell Hammett revisitado. E o não saber fazer potencializado pela coragem de fazer. E que o saber fazer que se repete e mostra só o que já sabe não interessa. E a atitude duchampiana dos mil projetos e esboços. Nada de obra acabada, sedimentada na crosta do reconhecimento público. Movimento inquieto, ebulição. E o resto que vá para os museus.

Cabeça Dinossauro

texto escrito para programa (não editado) do show
*de lançamento do LP **Cabeça Dinossauro**, 1986*

Eu queria dizer que Cabeça Dinossauro é pra quem quer já. Urgência de vida. Cabeça Renascença para quem ainda pode esperar. Eu sou desafinado mas berro bem as palavras. Para transformá-las em coisas, em vez de substituírem as coisas. Cansado de quem usa as palavras para se lamentar do mundo. O que a gente não pode no mundo pode no som. Palavras transformadas em som. No que já são. Cabeça Barroca para quem tem sexo. Urgência de vida. Não dá a menor vontade de pertencer a essa entidade que chamam de rock nacional. Esse papo de querer saber se o rock é ou não é MPB (Música Pra Boi-dormir) já deu no saco. Os Titãs não estão mais agressivos. Sempre foram. Mesmo ao cantar uma canção de amor. Eu disse isso a vários repórteres e ninguém publicou. Preferem achar que jogamos fora o que fomos. Tem muitas coisas ainda por saber. Do homem das cavernas à Grécia foram milênios. Eu sou desafinado mas me entrego ao canto quando canto. E quem pega na criança?

Banal

*revista **Reflexo** n° 3, 1986*

Eu estou tranquilo na avenida paulista e me assalta um pensamento: e se me roubarem a carteira?

Eu estou sentado sossegado numa praça, e se me derem um tiro?

Meus caros, eu não estou nem aí.

Eu vou ficar andando na rua. Eu não deixo de andar na rua. Eu não vou sair da rua.

Quem é mais culpado pela vida besta, o medo de morrer ou o medo de sofrer?

Mundo perdido. Eles ficam curtindo o verde-amarelo do Roberto Carlos, a poesia do Affonso Romano e o programa da Hebe.

Já outro dia eu estou lendo o jornal e vejo o João Nogueira dizendo que "o rock está fazendo a mesma revisão que o PDS, que não é propriamente uma revisão, mas uma autópsia".

Eu, que sou um bom sujeito, gosto de samba, participei com os Titãs, na praça da apoteose, do fraterno show *samba-rock,* organizado pelo Waly Salomão, declarei no jornal que muita gente precisava "ouvir de perto a escola de samba da Mangueira pra ver o que é rock", tenho de aguentar essa?

O mundo antenizado já é ponto pacífico. A convivência não traumática com as diferenças. Em que tempo vivem esses caras?

Mas eu saio na rua. Vou continuar tomando chuva e pegando sol na rua.

Mesmo que um cara chamado Ronaldo Bôscoli guinche contra mim nas páginas de um jornal sensacionalista carioca, com a infâmia típica da ignorância.

Todo mundo sabe o que esses caras representam.

Tem gente que se preocupa: — Olha, eles estão se articulando de novo, os chato-boys, os reacionários, os populistas, os xenófobo-nacionalistas, os fascistas, os repressores, os recalcados, os autopiedosos, os parasitas, os que querem tirar o carro da frente dos bois, os que vão sempre dizer que não têm culpa.

Mas a força não se tem à força, como sabia Yoda.

Como continua sabendo e ensinando Clementina de Jesus, janeiro de 1987, no programa Perdidos na Noite. Fausto Silva: — Dona Clementina, a senhora acha que o pagode agora tá voltando a fazer sucesso? Resposta: — Pelo menos aqui, sim. — Aqui: porque o público a estava aplaudindo de pé.

Depois cantou: "Não vadeia, Clementina / Fui feita pra vadiar / Vou vadiar, vou vadiar, vou vadiar".

Existe coisa mais subversiva do que essa música de três versos? Subversiva à direita, à esquerda, ao mito do trabalho, à ordem social, à linguagem do poder. Sarney diria: "Bakunin!". Mas contra o sol da pureza não há peneira ideológica.

Por isso eu fico na rua.

Por isso eu não fico trancado no armário esperando o dia seguinte.

Eu quero é ouvir as coisas mais básicas ditas na lata. É legal o Obina Shok cantar versos tão primários como "Vida é alegria / Vida me dá prazer / Vida é o amor". Faz lembrar o Jorge Ben que cantava: "Deus é a vida, a luz e a verdade / Deus é o amor, a confiança, a felicidade...". Muita gente há de achar banal. Pois é banal mesmo. Poderosamente banal.

A força se tem ou não se tem, como sabe He-Man.

Que ponte aérea poderia haver, que trouxesse um pouco dessa banalidade positiva a São Paulo e levasse um pouco de profundidade ao Rio?

A relação entre as feras: bom-dia, meu senhor, minha senhora, como vai, obrigado, me desculpe, dá licença, de nada.

A música dos carros toca para todos.

Barulho e música

suplemento **Folhinha, Folha de São Paulo**, *08/02/87*

Barulho é música? Quem pode me dizer se barulho é. Música? E se as falas das pessoas falando forem. Canções? Velhas orelhas ouvem o rock e dizem: — Essa barulheira infernal não é. Música. Abaixe o volume! — berram as orelhas velhas. Mas não dá pra passar a vida ouvindo só canções de ninar. E se os carros nas ruas forem tão bons compositores quanto o vento nos bambus? E os sabiás? Música. Pode ser feita por alguém mas também se faz. Um compositor chamado John Cage disse: "Os sons que a gente ouve são. Música". O que a lavadeira faz com as roupas no tanque. O que o guarda-noturno faz com seu apito. O que os dentes fazem com as batatas chips dentro da cabeça. O que fazem a chuva, o mar, a televisão, os passos, o piano, as panelas, os relógios. Tic tac tic tac. O coração. Bom bom bom bom. Uma música que não é brasileira, nem americana, nem africana, nem de nenhuma parte do planeta porque é. Do planeta todo. Fechando os olhos fica mais fácil da gente escutar. Ela.

ABZ do rock

*prefácio para o livro **ABZ do rock brasileiro**,*
de Marcelo Dolabela, Ed. Estrela do Sul, 1987

É muito difícil definir o rock hoje. Qualquer generalização classificatória parece insuficiente. O rock é um rio de muitos afluentes. *Heavy rockabilly punk tecno hardcore pop rhythm and blues progressivo new wave psicodélico ye ye ye black metal and roll.* Muitos grupos que se formam e/ou se extinguem diariamente. Fusões com reggae funk blues soul samba jazz. Nada disso satisfaz. Só uma coisa permanece e permite que continuemos chamando-o de. Uma coisa que não está no som. Está na sede.

O rock tem urgência de agora. Presentidade. Vitalidade que assassina a memória. Por isso é tão difícil catalogar. Dicionarizar. Compartimentar.

Ao mesmo tempo que essa impossibilidade se exibe, sentimos que há uma tradição a não passar impune. Onde o passado vale por manter vivo o eterno presente. Só queremos que se faça uma cultura de rock no Brasil se for assim. Não para sedimentar, mas para clarear. Uma cultura que se mova com a mesma agilidade do seu objeto.

Acredito que este álbum de retalhos verbetes lances insights drops, organizado pelo poeta Marcelo Dolabela, sobre o que houve/há por aqui, consegue isso. Não pelo poder paralisador da história, mas pela diversidade simultânea de seus agoras. Não pelo caminho em linha reta, mas pelo registro de seus desvios e fragmentos. Tentativa de fazer o possível, uma vez que o impossível é responsabilidade do som.

O desafio da facilidade

Folha de São Paulo, 11/11/87

Quando Arrigo Barnabé surgiu com o LP *Clara Crocodilo,* em 80, ele se dizia preocupado em dar prosseguimento à linha evolutiva da canção popular, que vinha da Tropicália. Dava pra entender isso em um sentido determinado: o da aproximação do erudito com o popular. Realmente essa fusão se radicalizava em seu trabalho. Compassos irregulares transformados em ritmos dançantes. Atonalismo em música pop. Pound e Batman.

Mas a Tropicália apontava para registros múltiplos. Explorava diversas maneiras de empurrar os limites até onde a canção podia ir. "No pulso esquerdo o bang bang /... Mas meu coração balança um samba de tamborim". Não é à toa que o Tropicalismo não se limitou à ocorrência musical, manifestando--se em outras linguagens e adquirindo a proporção de movimento. Já *Clara Crocodilo* apontava uma direção bastante definida, para onde apenas um dos gomos do leque Tropicália podia ser lançado. Em outro gomo, por exemplo, estavam os primeiros LPs de Walter Franco, com procedimentos que apresentaram um terreno bastante fértil e até hoje pouco cultivado. Em outro, Jorge Ben, que introduziu radicalmente o verso livre e não rimado na canção popular do Brasil. E os trabalhos posteriores de Caetano e Gil. E outros. A partir da Tropicália, a diversidade se instituiu como uma realidade cultural. Diversidade de gêneros, cores e maneiras de tratar a questão da novidade/redundância na música popular.

Assim, o trabalho de Arrigo me parecia limitado para abarcar a continuidade de uma tradição.

Muito desse impasse busca resoluções agora, em seu terceiro LP, *Suspeito*. Nele, Arrigo procura novos caminhos, abrindo possibilidades para além de um modelo que já dominava, e que tinha o risco de se repetir. Com essa busca ele estabelece também um diálogo mais essencial com a tradição tropicalista. Como não lembrar de Rogério Duprat, nos grandiloquentes acordes que abrem o disco, soando como a trilha de um filme de ficção científica? *Não identificado*.

Suspeito abre com *Êxtase*. De cara, arranjo, melodia e letra parecem o hino de uma esquadrilha intergaláctica, referindo-se a batalhas espaciais: "Voar / Nessa guerra voraz / Viver, morrer / Lutar / No encontro fatal / Vencer, vencer...". Apenas a partir do sétimo verso notamos que se trata de uma batalha amorosa: "Conquistar você". Então mesclam-se os dois universos semânticos — da conquista espacial e da conquista amorosa: "Em nuvens de beijos...". O canto se torna declamado, encerrando com versos que parecem uma resposta ao Ultraje a Rigor: "Mulheres, bah! / Não gosto de mulheres! / Eu gosto de você / Só de você".

Nas músicas que se seguem e compõem o lado A, Arrigo canta ineditamente limpo. Melodias tonais, canções de amor. Mas o mais comum ao ouvido comum soa incomum em *Suspeito* (armadilha que o próprio título sugere). Parece que a todo momento uma ação distanciadora o impermeabiliza contra as lágrimas fáceis. O que ocorre na verdade é o uso de um procedimento caro à Tropicália (e bebido por ela na fonte clara da Antropofagia de Oswald de Andrade): a paródia. É através da paródia que Arrigo contamina de estranheza a banalidade.

Mas não temos aqui uma paródia crítica, irônica, asséptica em relação ao objeto parodiado. Parece que, ao mesmo tempo que parodia, Arrigo procura também proximidade, explorando o envolvimento sincero que aquela forma permite. Estaria assim mais próximo de Caetano em *Saudosismo,* do que do Língua de Trapo.

A paródia que apenas negativiza ironicamente seu objeto não se potencializa como a que alcança envolvimento, positivando aquilo que parodia assim como a si mesma. Essa positividade se reflete também nas letras, em que a primeira pessoa se coloca sempre como um sujeito potente: "Meu corpo é quente / Quero me dar a você / Tente / Tente / Tente" (em *Amor Perverso*); "Mas mesmo tentando não conseguirá / Não me desejar" (em *Suspeito*); "Quero ser paraíso e inferno" (em *A Serpente*).

Mas não há resposta fácil à pergunta: "Paródia de quê?". Com sutileza, Arrigo parece fazer uma paródia de sugestões, que aponta simultaneamente para várias referências. Assim, passeia por uma canção de amor que parece hino ou trilha de um seriado espacial, com citação de Maiakóvski (em *Êxtase*); por uma interpretação que varia entre a empostação e a gagueira, e um coro que aponta para velhos iê-iê-iês (em *Amor Perverso*); por uma balada romântica que remete àquelas coisas dos Mutantes (em *Suspeito);* por um *dixie* que lembra em momentos trilha de um desenho animado de Walt Disney (*Mr. Walker e a Garota Fantasma*).

Mas o lado A desse disco, de músicas aparentemente mais fáceis, soa mais áspero em meus ouvidos do que o saboroso lado B, onde a criação se desparodia, se autentica, e as experiências se mostram despidas: as diferentes entonações e tempos para cada verso do genial rap *O Dedo de Deus* (com Mario Manga); a divisão quase silábica do refrão e das terminações de estrofes em *So Cool* (com Carlos Rennó); o arranjo de *Já deu pra sentir* (de Itamar Assumpção), que contrapõe duas leituras diferentes da música

— uma orquestral (mais harmônica) e outra de banda (mais rítmica) — para as interpretações respectivas do próprio Arrigo e de Itamar Assumpção; a vinheta final que recupera um trecho de *Suspeito,* para dirigi-lo metalinguisticamente ao ouvinte, com um desprezo machadiano (do prefácio de *Brás Cubas*): "Tiau, trouxa!".

Desse lado ainda há *Diabo no Corpo* — a faixa que mais lembra o velho Arrigo, com aqueles naipes de metais e o canto sujo, entre entoado e berrado. E *Uga Uga*, que traz um texto anexo explicando: *Como surgiu o Uga Uga.* Nele, conta-se que a ideia da música surgiu de uma matéria de jornal de 79, sobre dois homens que haviam sido presos por uma tribo de verdadeiras *bacantes* amazônicas; um dos quais declarava que se a dança delas chegasse às cidades, os homens estariam perdidos, "pois as mulheres iriam mandar em tudo". Como não notar aqui o olho de Arrigo voltado para o Matriarcado de Pindorama que Oswald sonhou?

A diversidade de gêneros e tratamentos para cada música nesse *Suspeito* parece um desafio novo para Arrigo. Evolução ou mudança de lente? De qualquer forma, ele parece ter compreendido que a novidade tem muitas faces, e que algumas podem ser fáceis.

Fatalidade

*catálogo da mostra **José Agrippino de Paula**,*
MIS e Galeria Fotóptica, São Paulo, 1988

Qualquer ato tem fatalidade. Pôr a cabeça na gola do casaco e trepar com a Marilyn Monroe. Os livros de José Agrippino de Paula me causam a impressão de que a literatura pode realmente ensinar algo à vida. Talvez pela sua prosa quase poesia, mas nem tanto pelo absurdo apresentado com naturalidade. Um pouco pela desestruturação do tempo cronológico, mas não só pela intersecção do mítico com o cotidiano, ou pelo que há de infantil e onírico em sua maneira de formular linguagem. O que mais me marcou ali foi o fato de que qualquer ato é fatal. Parir e guerrear, sentir ciúmes e tomar café, conversar e caminhar — se equivalem ali, porque qualquer ato é. Ali (fatalidade sintática) e na vida, como deve ser.

Sentidos em todos os sentidos

*jornal **Nexo**, junho de 1988*

Para quem faz rock nos anos 80, está acabando esse papo de vestir uma canção com a roupa do arranjo. Cada vez mais, o som que se toca pertence ao canto que se canta. A estrutura "canção" foi abalada por uma maior proximidade entre criação e execução. Em diversas bandas, as músicas são feitas em cima de um som que já está sendo tocado. Já não se diz "vamos interpretar uma música", mas sim "vamos fazer um som".

A crise da canção tem diferentes sintomas. A incorporação do berro e da fala ao canto; o estabelecimento de novas relações entre melodia e harmonia; o reprocessamento e colagem de sons já gravados; os ruídos, sujeira, microfonias; as novas concepções de mixagem, onde o canto nem sempre é posto em primeiro plano, tornando-se, em alguns casos, apenas parcialmente compreensível; a própria mesa de mixagem passando a ser usada quase como um instrumento a ser tocado. Tudo isso altera a concepção de uma letra entoada por uma melodia, sustentada por uma cama rítmica-harmônica. O sentido das letras depende cada vez mais do contexto sonoro.

Essa totalidade que o rock vem impondo, entre o que se consideraria "canção" e "acompanhamento", se amplifica na relação entre o som e as manifestações que o cercam. O rock (considerado no sentido mais amplo do termo) não é música para ser apenas ouvida. É música associada à dança, cena, atitude, performance, comportamento.

Hendrix punha fogo na guitarra. Esse fogo está lá, no vinil.

Em uma das peças de *Home of the Brave,* Laurie Anderson instalou terminais de bateria eletrônica em diversas partes do corpo (calcanhares, joelhos, pulsos, cotovelos). Ao dançar, tocava esses pontos e produzia, com a própria dança, o som que a fazia dançar. Laurie Anderson inserindo no universo pop um procedimento cageano.

Essa soma de linguagens não nos é estranha. A música, aqui, está apenas cumprindo sua adequação a uma época em que os laços entre os sentidos estão sendo reatados.

Estranho paradoxo: a mesma era das especializações, que radicalizou as divisórias na produção, gerou, no campo das artes, a interação simultânea de códigos. Surgiram o cinema, a TV, a arte ambiental, os happenings e performances, ready-mades, poemas--objeto, holografias. Na música pop, surgiram os clipes. Nos estudos de linguagem, a semiótica. Simultaneidade de sentidos. Assobiar chupando cana.

O rock, assim como as manifestações artísticas que efetivam a interação de códigos, parece nos remeter, dentro do mundo tecnologizado, a um estado mais primitivo. Como nas tribos, onde a música, associada à dança, cumpre sempre uma função vital — religiosa, curativa, guerreira, de iniciação ou para chamar chuva.

Essa inocência já foi perdida (o tempo do homem criou a música para ser ouvida, as artes plásticas para serem vistas, a arte para representar a vida). Mas temos outras.

Hendrix punha fogo na guitarra.

Esse fogo está solto.

Sentidos simultâneos

Folha de São Paulo, 28/04/89

NÃOMEV
ENDONÃ
OSEVEN
BANÃOS
EVENDE

Augusto de Campos está dizendo cada vez mais com cada vez menos. Essa é a notícia. Para quem está por fora.

Digo isso sob o impacto do poema que estampa a capa do seu *À margem da margem,* recém-lançado pela Cia. das Letras. Quem está por fora não precisa comprar o livro. Basta ir até a livraria e movê-lo em diversas inclinações. A versão holográfica dá ao poema profundidade e multiplicidade de cores, o que reforça sua condição natural, onde diversas leituras possíveis ocorrem simultaneamente na mesma estrutura.

Além do fato quase inédito de termos uma holografia na capa de um livro (só precedido, que eu saiba, pela revista *Super*

Interessante — um coquetel de curiosidades científicas, que aplicou o holograma de um cavalo-marinho na capa de um de seus números, ano passado), há o fato inusual de se ilustrar a capa com um poema. Ironicamente, muita gente ainda compra livros pela capa. "Não se vende".

A condensação de sentidos chega ao máximo, nesse poema de três enunciados (não me vendo / não se venda / não se vende), ao mesmo tempo aglutinados pela eliminação dos espaços entre as palavras e fragmentados pelos cortes delas entre as linhas.

Com apenas 3 letras variantes ("m" pelo "s", transformando o pronome "me" em "se", e "o" pelo "a" e pelo "e", sucessivamente, transformando o verbo) em 3 enunciados de 10 letras, obtemos uma complexa estrutura onde 3 pessoas verbais (singular) e 3 sentidos (a princípio) se intrincam em diversas possibilidades de leituras. O 2° e o 3° enunciados trocam a 2ª pela 3ª pessoa conforme o verbo considerado (vender ou vendar). No 1° enunciado as duas leituras coincidem na 1ª pessoa, mas acrescenta-se o gerúndio de "ver". Apenas com o verbo "vender" temos as três pessoas apresentadas na ordem respectiva (1^a, 2^a e 3^a). Talvez por isso se capte mais diretamente esse sentido, ficando os outros a serem descobertos numa segunda mirada. Assim, várias opções proporcionam diferentes possibilidades de leitura. Há também leituras em profundidade, como por exemplo (pegando o 1° enunciado): "não me vendo (ver), não me vendo (vendar) e não me vendo (vender)". Na realidade são leituras simultâneas. Sintagmas embutidos no mesmo enunciado. Como aquelas bonecas russas de madeira, umas dentro das outras.

Todos esses sentidos parecem se completar numa mesma reflexão, de clareza arrebatadora, onde não se ver corresponde (ao preencher o mesmo espaço sintático) a ver (não se vendar). Ver com olhos limpos, sem o obstáculo-eu intermediando a relação. Essa antítese encontra sua síntese na manutenção de uma integridade — não se vender.

Pensando o poema em seu aspecto metalinguístico, notamos a coerência de suas colocações em relação à postura crítica que Augusto e a poesia concreta vêm assumindo há tempos: a negação da poesia confessional, que se coloca como expressão de um "eu", pela afirmação da poesia enquanto expressão da linguagem (não se ver); o "ver com olhos livres" de Oswald (não se vendar); a defesa da poesia difícil, da tradição de radicalidade, contra o consumismo fácil (não se vender).

Nesse sentido, o poema se integra adequadamente ao título do livro (*À margem da margem*), num contexto onde muita poesia diluída, de cunho confessional, é comercializada sob a égide da marginalidade.

Há dois tipos diferentes de ambiguidade em poesia. Um se refere à abertura do discurso como um todo, em relação às diversas interpretações cabíveis ao receptor. Outro, que vemos aqui, é o uso de uma ambiguidade do próprio código (palavras homônimas), atribuindo-lhe sentido poético; motivando uma coincidência arbitrária. É claro que esse segundo tipo lida de uma maneira mais estrutural com a língua. Em vez de trabalhar apenas a horizontalidade (extensão sintática) e verticalidade (dimensão metafórica), Augusto passa a trabalhar a profundidade; a tridimensionalidade da linguagem.

Temos exemplos desse procedimento pincelados na poesia de todos os tempos, mas quase sempre como momentos de tensão dentro de um contexto maior, como Gregório de Mattos, na primeira estrofe do soneto *Aos mesmos sentimentos* — "Corrente, que do peito destilada, / Sois por dous olhos despedida; / E por

carmim correndo dividida; / Deixai o ser, levais a cor mudada".
Temos aqui a tensão presente na palavra que abre o poema ("corrente"), com os sentidos opostos de prender e jorrar conjugados. A ambiguidade do homônimo aponta um conflito, que parece referido, nos versos seguintes, em expressões como "correndo dividida" e "cor mudada".

Mais recentemente, temos exemplos em que a simultaneidade de leituras é alcançada no poema todo, como Décio Pignatari em *Contribuição a um alfabeto duplo* (1968):

a mocinha empurrada
sentou-se mal
em cima do capotão
presente
de bodas de ouro

onde dois textos são obtidos através do uso de palavras paronomásticas, com a fusão tipológica das variações.

Temos também este poema de Walter Franco, publicado na revista *Artéria,* n° 2 (1976):

o

ab

surdo
não

h

ouve

onde a espacialização permite que, no mesmo espaço sintático da óbvia frase "o surdo não ouve", se superponha uma espécie de comentário desta ("o absurdo não houve"), levando a obviedade a tal extremo que alcança a estranheza.

Mas nesses dois poemas, foram necessárias alterações tipográficas e espaciais para se criar a simultaneidade dentro do mesmo sintagma. No de Augusto, temos as três leituras num estágio anterior, pela coincidência dos verbos homônimos nessas conjugações. A manipulação do autor parece menos explícita. E os recursos tipográficos, espaciais e holográficos são usados para expandir ainda mais essa profundidade paradigmática que os enunciados em si já apresentam.

Com exceção do início e fim do poema, nenhum "verso" começa ou termina no princípio ou fim de uma palavra. Sempre passando, fragmentando-as em locais diferentes, num fluxo ininterrupto, sem pausas.

Augusto apresenta aqui um procedimento que vem usando em alguns de seus poemas, como *o quasar* (75), *memos* (76), *afazer* (82), *poesia* (88). O mesmo número de dígitos em cada linha, a formação de uma figura geométrica — uma regra arbitrária que gera sugestões de sentidos imprevistos, sujeitos ao acaso. Os cortes em pontos diferentes das palavras, amalgamadas pela eliminação dos espaços entre elas, nos sugerem, ludicamente, diversas leituras outras, que piscam, subliminares, à passagem dos olhos. Algumas podem ser mais pertinentes que outras, ou mais previstas. O que importa é a maneira como um procedimento de rigor matemático gera múltiplos sentidos livres, sugeridos, não estáticos.

Assim, entre outras palavras ou partes de palavras, temos (para ficar só no sentido horizontal — esq. p/ dir.): "end" (2ª e 5ª linhas), "seven" (3ª linha), "even" (5ª linha); o plural de "não" (4ª l.); "anão" (4ª l.), a sugestão dos pronomes "meu" (1ª l.), "seu" (3ª l.) e "eu" (5ª l.), pela semelhança, no tipo escolhido, entre o "v" e o "u". Relevantes ou não nos sentidos previstos do poema, os signos eclodem.

Ainda dentro desse espírito lúdico que o poema sugere, podemos inserir pequenas alterações para obter outras leituras relevantes. Por exemplo: cambiando a letra "e" por um "o" na 1ª linha e incluindo um acento no segundo "e" da 3ª, obtemos: "não movendo não se vê", ou: "não movendo não se vê nda" ("nda"— abreviação de "nada"), indo até o início da 4ª linha. Mera manipulação arbitrária, mas não deixamos de obter um texto que aponta para a crise do sentido estanque, unívoco. Talvez uma das chaves para a compreensão do poema, cuja versão holográfica também nos conduz ao movimento físico do objeto.

Aplicando, por coincidência, uma direção de leitura semelhante à que Augusto propõe a Roberto Schwarz, em *seu pós-tudo* (o artigo está no livro) — do início do poema, descendo verticalmente da última letra da palavra "não", até a 3ª linha, e prosseguindo na horizontal — temos ainda outra leitura, pertinente ao sentido geral do poema: "Não deven". Esse anagrama ("devem" — inversão de sílabas e contraste semântico com "vende") amplia as possibilidades de leitura, apresentando também uma ambiguidade, relativa a "dívida" ou a "dever".

Num voo ainda mais distante, podemos ler, na última linha, por associação paronomástica, uma outra dica possível, coerente com o espírito desse *À margem da margem*: "invente".

Olhar do artista

*convite da exposição **Olhar do Artista**,*
MAC, São Paulo, agosto de 1989

Quando o MAC me convidou para organizar essa mostra a partir do vasto material de seu acervo, meu desejo inicial foi o de selecionar não obras acabadas, mas esboços. Queria uma exposição que fosse marcada pelo signo da precariedade. Rascunhos, exercícios, anotações rápidas, presença viva do acaso, indefinição de registro específico. Obras em que o processo de criação é mais aparente, ou quando esse processo se torna o próprio objeto estético. O processo, o projeto, o projétil — como os cadernos de anotações de Beuys. Minhas escolhas tomaram antes essa direção, do que a de um rigor crítico que pudesse eleger um paideuma (injustificável diante das limitações de meu repertório), ou do que a conjunção de diferenças justificada apenas por um sentido de gosto pessoal.

A rarefação das cores, a ausência de telas, o predomínio de trabalhos em papel, a busca pelo vazio — são algumas marcas dessa exposição; sintomas desse rastreamento por não-obras, ou quase-obras. Nem todos os trabalhos escolhidos se enquadram inteiramente nesse conceito. Mas de uma maneira ou de outra o tangenciam. Quando a simplicidade é sinônimo de sinteticidade — como nas formas de Arp; ou nos cortes de Fontana, onde o gesto destruidor constrói com uma limpeza admirável. A escassez de elementos, convergindo para o branco do papel — como nos traços de Mira Schendel (representada também com sua série em letraset, onde respiram lacônicas pontuações), ou na geometria irregular das pinceladas orgânicas de Amilcar de Castro. A ação do acaso nos rasgos e sobreposições da colagem de Schwitters, onde o verbal também atua — *Duke Size*.

A precariedade é também uma precariedade de registro. Poemas de Mira? Partituras musicais de Berard? Escritura de Bissier? Trabalhos inclassificáveis enquanto gênero. Códigos que se resvalam. Kandinsky e Miró com seus universos icônicos. O olho que olha, o olho que ouve, o olho que lê.

E também o olho que compreende com a pele. Flávio de Carvalho, precursor da performance; da obra fora da obra, contaminada de vida; do uso do corpo e do comportamento como objetos artísticos. Com a série *Minha Mãe Morrendo*, onde o desenho está mais próximo que nunca da experiência. Traços rápidos para retratar as rugas. Rabiscos vivos registrando o momento radical da morte. Nesse sentido, também não poderia faltar Hélio Oiticica, que desertou da pintura para a construção de seus ambientes, bólides, parangolés. Os trabalhos de Hélio pertencentes ao acervo do MAC são dois metaesquemas, que precedem essa produção mais radical, mas representam etapa importante de sua trajetória.

Finalmente, não resisti à tentação de confeccionar um ideograma espacial, associando, por oposição, a escultura do futurista italiano Boccioni (*Desenvolvimento de uma garrafa no espaço*) à de Calder (cujas formas dialogam com as de Arp e Miró). O peso e a leveza. A escultura de Boccioni depositada no solo com sua base larga e a sinuosidade aérea de Calder. A cor densa do bronze de Boccioni, com seus vincos brutos, ante o amarelo, preto, vermelho e branco pintados nas finas chapas do móbile de Calder. O olho tátil.

Big Bang

*release para o disco **Big Bang**, dos Paralamas, 1989*

Eu queria dizer a eles que sempre acompanhei de longe perto os discos no carro casa rádio tevê shows e onde eu ouvia meu pé do ouvido sintonia com o resto de meus pés.

Então seu novo bang já estava esperado com a mesma saudade do futuro que sinto de tudo o que me nutre de impulsos.

— *Big Bang.*

Tirado do quadrinho de uma história em quadrinhos, do beijo de um tiro, do motivo nenhum da pura sonoridade onomatopaica ao motivo dos motivos que é a origem de tudo.

Que novas velhas significações pode ter a palavra pólvora?

Novos pontos de interrogação.

Se a poesia instaura uma intimidade mais estreita entre sentido e sonoridade, entre o olho que ouve e o ouvido que vê — na canção popular essa interação se amplifica com a vibração que senso e som reproduzem no corpo. Se por um lado isso faz dela um objeto mais complexo (no sentido de um maior número de códigos interagindo), por outro tem-se acesso a vias de compreensão mais primárias — o pé, a pele, os pelos.

Os Paralamas sempre trataram bem a questão da complexidade/simplicidade que envolve a inserção do corpo no composto sonoro. *Bang Bang:* tragédia pra dançar.

A possibilidade da festa, da leveza e alegria do riff de *Perplexo,* ante as adversidades enumeradas na letra.

O pé que dança decodifica melhor o recado.

E isso não é privilégio do rock, do samba, bossa ou reggae. No universo das diferenças, eles não vieram para explicar nem para confundir, mas para deixar ver o quanto o trânsito já faz parte do próprio veículo. As misturas rítmicas (África Londres Caribe Bahia Mangueira Kingston) se dão com uma naturalidade orgânica. Os contrastes já não são meta, mas matéria-prima.

Daí a melodia de iê iê, com aqueles velhos vocais na lambada *Esqueça o que te disseram sobre o amor*, ou a citação dos Beatles embutida na introdução da bossa *Nebulosa do amor*, a bateria quase marcial do humorado reggae-desafio *Rabicho do cachorro rabugento*; ou o samba-moda de viola *Se você me quer*, onde Herbert canta falando, mas na mesma divisão das sílabas o instrumental apresenta a melodia que se esperaria ouvir no canto, intencionalmente falado.

Entre a bossa e a roça.

E é impressionante o quanto é característico o som que os três vêm sofisticando com o resto da banda a cada disco, por mais gêneros musicais que eles percorram. Inconfundível aos primeiros compassos de cada faixa.

Assim também com as letras — por mais registros, tons, temáticas diferentes que passem na tela de *Big Bang,* há elos entre versos, dicas que se amarram entre as músicas, parecendo apontar sempre para uma cultura de resistência, da potência individual diante do mundo, da "arte de viver da fé": "Quero entender tudo o que eu posso e o que eu não posso", "Eu vou lutar / Eu sou Maguila, não sou Tyson", "Eu me viro e digo não", "Afinal respiro por meus próprios meios", "Ainda sei me virar".

E há *Lanterna dos Afogados*, onde a superfície e profundidade que percorrem todo o *Big Bang* ganham síntese, com a dubiedade que o verso "Eu tô na Lanterna dos Afogados" propõe, entre estado de espírito e localização espacial. Poderia significar literalmente "eu tô na fossa" (uma fossa paradoxal, com a positividade do signo "lanterna" direcionando a dor para aquela luz acesa que ele canta em *Lá em algum lugar*), porque é isso que a melodia está dizendo; mas ao mesmo tempo indica apenas o lugar onde um encontro foi marcado, "vê se não vai demorar", e tal — toda a profundidade se desfaz no instante em que se ergue.

Entre a fossa e a troça.

Banalidade pra pensar: "Pode ser exatamente o que eu digo / E também pode não".

Profundidade pra dançar: "O que é tudo isso diante da pólvora? / (Dessa paixão que se renova)".

Novos pontos de interrogação.

Marcianos

jornal Nicolau, n° 30, Curitiba, fevereiro de 1990

Eu pedi um café e perguntei à moça que servia no balcão se ela acreditava em discos voadores. A moça disse que não. Eu desdobrei o jornal que dizia que um objeto não identificado tinha seguido um avião durante duas horas, sendo visto por todos os passageiros, menos por um cardeal e pelo padre que acompanhava o cardeal pois eles se recusaram a olhar. Eu perguntei à moça o que ela pensava daquilo. O jornal mostrava um desenho do objeto feito pelo comandante do avião. A moça disse que devia ser um cometa. Eu perguntei se ela nunca tinha visto um marciano na vida dela. Disse que não e eu disse que ela estava olhando pra um naquele momento. Eu saí do bar com o meu jornal e um policial me perguntou aonde eu ia. Que eu ia pra casa, ele viu nos meus olhos e na minha roupa que eu mentia mas me deixou ir. Enquanto eu falava com o policial um tipo alto e magro ria, junto com seu companheiro um pouco mais baixo de cabelos encaracolados. Eles riam de mim, me olhando sentados no balcão e cochichando um com o outro porque eu tremia ao falar com o policial. Quando eu estava liberado eu voltei ao bar e pedi outro café, encarando os dois caras que continuavam a rir. Eu disse para o mais alto: vocês estão sempre juntos, hem? E ele respondeu que sim, tipo umas trinta vezes por noite.

Chuva

*convite da exposição **Chuva**, de Fernando Zarif,*
Galeria Millan, São Paulo, novembro de 1990

"A ordem inferior é um espelho da ordem superior; as for-
mas da terra correspondem às formas do céu; as manchas da pele
são um mapa das incorruptíveis constelações; Judas reflete, de
algum modo, Jesus."

J. L. Borges, em Três Versões de Judas

Rostos em nuvens crianças jovens adultos velhos desde sempre tiveram a mania de ficar vendo como um cinema.

Esse exercício, que parece refletir às avessas a tensão entre figurativo e abstrato, constitui uma educação do olho no espaço/tempo: formas que se transformam a cada instante, gerando outras que irão se desfazer em outras até que chova.

Os desenhos da primeira sala da exposição *Chuva*, de Fernando Zarif, não se parecem com nuvens.

O que há de comum entre eles e as nuvens não é a representação delas, mas a descoberta de um processo comum de gênese das figuras, a partir de matéria amorfa.

Os desenhos de Zarif se parecem com nuvens no que eles têm de precário enquanto suportes de rostos mãos barbas orelhas corpos animais objetos inusitados.

A ironia de seu gesto está em lograr uma associação entre o acaso/vento que forma e deforma as nuvens e o que move a mão que pinta o papel.

O que o olho cria/capta de uma nuvem que não seja nuvem parece corresponder a fragmentos de inconsciente que emergem até a consciência.

As nuvens de Zarif parecem forjar a formação de uma consciência da cultura, onde várias referências (Zeus, touro, Salomé e os encolhedores de cabeças, Shaman e o bebê-nuvem, Tristam Shandy, Apolo, o Dervixe, Toscanini, Dostoiévski, Judas, Van Gogh, a mãe de Flávio de Carvalho etc.) convivem, estabelecendo intersecções entre o sacro e o profano, o mito e o cotidiano, o arquétipo e o moderno.

Quando as nuvens deixam de ser nuvens, a linguagem do olho é substituída pelo contato físico: passa-se para a sala seguinte da exposição por um corredor ao lado de um jardim, onde chove constantemente.

Chuva — a única forma do céu tocar a terra.

Na segunda sala, Zarif expõe mapas impressos, de várias épocas e lugares diferentes, sobre as formas dos quais desenhou rostos, rugas, corpos, pés, Fernando Pessoa ante o primeiro poema de *Mensagem,* o dedo de Deus tocando o de Adão.

Fica a questão: as figuras humanas desenhadas sobre os mapas foram descobertas (como a gravidade, a América, a rotação da Terra) ou inventadas (como a lâmpada, o avião, a máquina de fazer pipocas)?

"Criar não é tarefa do artista. Sua tarefa é mudar o valor das coisas" (Yoko Ono, citada por Hélio Oiticica na *Navilouca*).

As nuvens de Zarif são da mesma matéria que as figuras vistas nelas: desenhadas.

Ele poderia desenhar sobre fotos de nuvens.

Mas o céu é o céu.

Já os mapas da segunda sala são objetos do mundo transformados. Do mundo e para retratar o mundo.

Com suas duas salas separadas pela passagem da chuva, Zarif compõe um poema ambiental onde a relação entre céu e terra deixa de ser vertical e simultânea e passa a ser horizontal e sequencial.

Parábola da equação de Hermes Trismegistro: "O que está embaixo é como o que está no alto".

No cartaz, nuvens pintadas cobrem exatamente as formas de todos os continentes e ilhas de um mapa-múndi, deixando apenas os oceanos descobertos.

Um olhar mais atento nota que os nomes desses oceanos foram impressos invertidos.

Fazer o que faz sentido: chuva em todas as terras.

Nenhuma chuva no mar.

Para não chover no molhado.

Para provar de uma vez por todas que um poema pode ser feito sem palavras.

Derme/verme

Folha de São Paulo, 2/01/91

Na Folha de 28/12/90, em artigo intitulado *Produção de Augusto se destaca*, o colaborador deste jornal Régis Bonvicino fez algumas rápidas e rasteiras observações a respeito de meu trabalho *derme/verme*, incluído na exposição de poesia visual *Transfutur* (atualmente em Kassel), contrapondo-o ao *Profilograma Pound / Maiakóvski*, de Augusto de Campos:

"... o pictograma [de Augusto] é de uma beleza plástica econômica e tensa. Já não se pode dizer o mesmo, por exemplo, do trabalho *derme/verme,* do bom titã Arnaldo Antunes: a laceração e grafitação das palavras derme e verme são feitas de modo muito semelhante ao modo do morto Edgard Braga. Antunes tem trabalhos melhores que esse. E isso faz pensar que o que se convencionou chamar de 'poesia visual' sofre dos mesmos problemas da dita poesia — ela mesma. Para cada João Cabral há um Carlos Nejar etc."

Que a produção de Augusto se destaca é certo. Augusto é decididamente um inventor, falando poundianamente (e, felizmente, "não é responsável pela recepção de seu trabalho", ficando sujeito às pérolas de nonsense com que Bonvicino o enfeita, como: "Para além de formas e conteúdos...", ou: "... uma precisão, uma tensão e uma poeticidade que o fazem transcender o momento em que foi criado e seus próprios propósitos"). Como tal, seu trabalho suscita antes nutrição e motivação do que "cria problemas para aqueles que desejam operar nessa área", como coloca Régis.

A comparação de meu trabalho especificamente com o de Augusto é que me parece, a princípio, gratuita e despropositada, ao se comentar uma exposição com tantos colaboradores. Comparação que Bonvicino faz questão de transferir para o campo da poesia verbal, na parte mais sarcástica de sua provocação: "Para cada João Cabral há um Carlos Nejar etc. Não se está querendo dizer que Antunes é um Nejar (...)". Se não se está querendo dizer o que se está dizendo, então por que se diz?

É uma pena que as afirmações de Régis sobre a falta de qualidade de meu *derme/verme* não se sustentem em qualquer outra fundamentação crítica, que não seja o fato de eu, por critérios tão parciais quanto velados, "ter trabalhos melhores que esse", ou da semelhança com o Braga. Mesmo sendo um pouco constrangedor comentar meu próprio trabalho, isso se faz necessário aqui, dada a leviandade com que este foi julgado pelo crítico.

Talvez Régis tenha ficado apenas no aspecto verbal de meu poema (a paronomásia derme/verme), sem notar que a palavra "derme" é repetida diversas vezes em formas diferentes de grafia manual, enquanto a palavra "verme" ocorre apenas uma vez, montada a partir de uma tipologia antiga, com sinais de deterioração — contraste que transfere a questão fisiológica da decomposição do corpo humano após a morte para a questão da linguagem em relação aos seus meios de produção e reprodução.

Talvez Bonvicino não tenha nem reparado que o M da palavra "derme" é o carimbo do M da palma de minha mão ampliado, e que essa letra não aparece na palavra "verme", o que, além de significar enquanto ausência, possibilita também a leitura do infinitivo "ver" e da conjunção "e".

Onde Bonvicino viu apenas laceração e grafitação, num contínuo amorfo, havia ainda a tensão entre as linhas contínuas digitais da mão em "derme" e os pontos — sinais de deterioração, como reticências em torno de "verme".

"Ver e..."

Não me importa que a falta de sensibilidade para a poesia visual (que Régis se arriscou a fazer primariamente em seus primeiros livros e depois abandonou) ou a pressa da imprensa, que tantas vezes parece contar com o perdão para a inconsequência, passem por cima dessas sutilezas (essenciais para a compreensão do poema). O fato a não se deixar passar (e é apenas por isso que me dou a este trabalho de resposta) é que o crítico, conhecendo meu trabalho, parece negar-me a condição de poeta, indiretamente, ao afirmar: "Seu trabalho [o de Augusto] diferencia-se dos demais por ser ele realmente um poeta" e, em outro momento: "Por detrás de um poeta visual precisa haver um poeta".

Deveria eu então me portar apenas como um "bom titã" (como ele se refere ironicamente a mim — dando a entender que, felizmente, não faço parte de suas *Más Companhias*), sem ameaçar me adentrar no campo minado da poesia.

Mas, de qualquer forma, Régis acha meu trabalho muito parecido com o do "morto Edgard Braga". Acontece que o Edgard Braga vivo viu meu trabalho com muito interesse, a ponto de fazer uma generosa apresentação para o cartaz da exposição *Caligrafias*, realizada por mim e por Go, em 1981 — apresentação que Bonvicino incluiu no volume *Desbragada*, por ele organizado.

Edgard Braga foi o primeiro poeta brasileiro a trabalhar com manuscritura onde, no contexto da poesia concreta, as experimentações visuais estavam sendo realizadas muito mais no terreno tipológico. Se Braga foi pioneiro nesse sentido, não há como não se remeter a ele. Poetas que hoje trabalham com essa dimensão da escritura, como Walter Silveira, Tadeu Jungle, Go, e até mesmo Décio Pignatari psicografando Oswald de Andrade, devem esse tributo a ele.

Eu próprio já citei o vivo Braga em diversas entrevistas, reconhecendo seu trabalho (assim como os de Augusto, Haroldo, Décio) como precursor do que faço e do que se faz nesse campo da poesia visual manuscrita.

O artigo de Bonvicino, ao dizer que "por detrás de um poeta visual precisa haver um poeta", pressupõe que a poesia visual seja uma decorrência segunda da "verdadeira" poesia — a verbal. Nesse ponto transparece mais claramente sua relação dificultosa com esse registro. Se Régis resolveu o impasse para si mesmo passando a produzir apenas poesia verbal (quase sempre de alta definição e competência, diga-se aqui), a dita poesia visual, depois da poesia concreta, continuou tendo seu terreno fértil muito bem semeado por poetas como Lenora de Barros (autora da capa do último livro de Régis), que ele cita elogiosamente com razão, e Omar Khouri, Paulo Miranda, Walter Silveira e Tadeu Jungle, que vêm há anos realizando um trabalho de alta tensão e que, também incluídos na mostra, são omitidos ostensivamente no artigo.

Conheço Régis Bonvicino. Já fui inclusive citado por ele nesta *Folha* como um dos poetas atuais cujo trabalho ele respeita. Se não entendo o despropósito da agressão, ao mesmo tempo sei a carga de consciência que Régis coloca em cada pingo de i que publica na imprensa. Por isso resolvi fazer vista fina a seus poréns, e consertar esse telhado.

Riquezas são diferenças

***Folha de São Paulo**, 07/01/92*

Muita estupidez e preconceito se têm lido nas páginas dos jornais, seja na opinião dos próprios jornalistas, seja na declaração de pessoas do meio artístico musical, tendo por objeto a cor da pele de Michael Jackson.

Não quero falar aqui da sua música, que continua exercendo o caminho natural de sua genialidade; nem do espaço poderoso que ela ocupa no mundo todo. Quero falar da clareza de Michael Jackson. Mesmo que para isso eu tenha de aceitar a condição da imprensa em geral, que tomou essa questão como um escudo para não comentar com o devido respeito seu último disco.

Michael Jackson teve a pele negra. Ficou mulato em *Thriller,* clareou mais em *Bad* e agora aparece completamente branco em *Dangerous.* O mal-estar que isso vem causando é assustador, nessa beirada do ano 2000. Que ele "negou a sua raça", "se corrompeu", "virou um monstro", entre ofensas piores. O pior ataque dessa onda se leu numa matéria assinada por Sérgio Sá Leitão, na seção denominada "Fique por dentro" (?), no *Folhateen* de 9/12/91, que, além de desprezar sem nenhum fundamento *Dangerous* ("O fundamental em Michael Jackson já não é mais a música — como o era na época de *Thriller,* seu álbum-emblema") e lamentar a mudança de cor enquanto perda de identidade ("Com sua identidade diluída, falta também a Michael Jackson a legitimidade indispensável a qualquer astro da cultura pop"), começa (na manchete) e termina (na conclusão da matéria) com uma frase de efeito de uma agressividade despropositada: "Michael Jackson é o eunuco do pop". Tendo-se em conta a potência que ele representa, não apenas em seu som, mas também como fenômeno de massas no planeta, tal inversão só pode ser interpretada como fruto de ódio. Parece a indignação de um membro da Ku Klux Klan defendendo a pureza racial ameaçada por esse branco que não nasceu branco.

Brancos sempre puderam parecer mulatos, bronzear-se ao sol ou em lâmpadas específicas para esse fim, fazer permanente para endurecer os cabelos. Tudo isso visto com naturalidade e simpatia. Tatuagem, que é uma técnica predominantemente usada por brancos, pode. Até mesmo aquela caricatura do Al Johnson era vista com graça. Agora, o negro Michael Jackson entregar seu corpo à transcendência da barreira racial desperta revolta, reações de protesto e aversão.

O espaço da ficção é permissivo. Todo mundo acha bacana Raul Seixas haver cantado "Eu prefiro ser essa metamorfose ambulante", ou haver existido uma banda chamada "Mutantes". Há um consenso na aceitação da promiscuidade racial de Macunaíma, como traço característico de nossa identidade antropológica. Agora, quando adentramos o campo da vida real as máscaras moralistas, racistas, preservacionistas da estagnação se mostram, contra a liberdade individual de se fazer o que quiser da própria pele.

É que Michael Jackson é um Macunaíma ao avesso. Se o anti-herói de Mário de Andrade faz de si a parábola da gênese das diferenças raciais no espaço ficcional, Michael Jackson representa, em carne e osso, a abolição dessas fronteiras. Mas parece que, mais de cem anos depois, o Brasil ainda não está preparado para aceitar a Abolição.

Os negros que estão condenando a mutação de Michael Jackson, insinuando ser ela fruto de inveja de uma suposta condição dos brancos, acabam na verdade chegando a um veredito semelhante ao do racismo branco que diz: "Como esse negro se atreve a usar a minha cor em sua pele?"

Michael Jackson continua cantando com o mesmo swing de quando tinha a pele preta, e dançando cada vez mais lindamente aquela dança que influenciou milhares de negros no mundo inteiro. Ele ostenta a pele clara como quem diz "eu posso". E canta: "I'm not going to spend my life being a color". E faz de seu corpo a prova de que a questão racial vai muito além da cor da pele.

O corpo é para usar. O corpo é para ser usado. Michael Jackson está colocando seu corpo a serviço de um tempo em que a pessoa valha antes das raças, e o planeta antes das nações. Não se trata de extinguir as diferenças, mas de fundar radicalmente a possibilidade de trânsito entre elas. A miscigenação que se fez aqui (neste país onde todos somos um pouco mulatos ou mamelucos), diacronicamente, durante séculos, faz-se sincronicamente nele.

Michael Jackson é preto e é branco. Não fala em nome de uma raça ou casta, mas encarna em si a diferença. Não é mais americano porque é do mundo todo ("Protection/for gangs, clubs, / and nations / causing grief in / human relations / It's a turf war / On a global scale / I'd rather hear both sides / of the tale", canta em *Black or White*). O incômodo está justamente nesse exercício de liberdade. Ele não precisa explicar nada. As respostas estão todas na sua cara. Ou naquelas caras tão diferentes se transformando umas nas outras, no clip de *Black or White*.

"... Eu me torno as estrelas e a lua. Eu me torno o amante e o amado. Eu me torno o vencedor e o vencido. Eu me torno o senhor e o escravo. Eu me torno o cantor e a canção. Eu me torno o conhecedor e o conhecido... Eu continuo dançando... e dançando... e dançando, até que haja apenas... a dança" (Michael Jackson, em *The Dance*).

Canções

*release para o disco **Canções**, de Péricles Cavalcanti, 1992*

Uma canção não é uma letra entoada. Uma canção não é uma melodia que diz. Uma canção é algo que ocorre entre verbo e som, sem privilegiar nenhum deles. Ante uma canção de verdade, qualquer comentário crítico que separa letra e música parece patético. A canção não é um código composto pela junção de dois códigos primários, pois sua origem conjunta é anterior a essa divisão. A palavra cantada antecede a poesia falada ou escrita, a música instrumental, os frutos especializados do tempo do homem.

Há quase duas décadas, Péricles Cavalcanti vem nos brindando com alguns desses monólitos indivisíveis, nas vozes de Gal, Caetano, Miucha, Asdrúbal Trouxe o Trombone (com o LP da trilha de *A Farra da Terra*, composta por ele), entre outros. Como um moderno compositor à moda antiga, da estirpe de "Herivelto, Caymmi, Sinhô, Assis Valente, Wilson Batista, Noel, Heitor dos Prazeres" (que pouco gravaram, numa época em que a divisão de papéis entre autor e intérprete era mais demarcada). Como se desde sempre ele viesse preparando este disco, que parece buscar, com clareza e claridade, a especificidade da canção.

O nome do disco é a senha. E o fato de optar por arranjos com poucos elementos, ao invés de uma massa sonora mais compacta, adequa-se bem ao seu intento. Péricles soa como se resgatasse o sentido mais puro, original, primário desse objeto de voz. Não por recuperação de formas ou procedimentos do passado, mas trabalhando para a sofisticação dessa linguagem; levando ao limite as possibilidades de condensação informativa na mensagem cantada.

Talvez o aprimoramento desse projeto tenha nos feito esperar tanto tempo por este disco (que, vindo agora, com um conceito tão inteiro, não parece uma reunião de canções feitas em épocas diversas). Talvez também por isso permeie quase todas as faixas uma reflexão sobre a canção, o cantar, a função e o poder da música.

O disco de Péricles abre com *Dos Prazeres, das Canções*, uma música cantada numa primeira pessoa que é, ao mesmo tempo, uma pessoa e a música — a pessoa dele ante a tradição, e a música popular brasileira, que passa pela boca de todos aqueles compositores.

Música para ser alguém.

O disco de Péricles encerra com *Eassimserá*, uma salsa cantada na terceira pessoa, sobre uma mulher que metaforiza a música latina.

Alguém para ser música.

As duas faixas, abrindo e fechando o disco, apontam para essa inteireza, entre ser e som (presente em todo o disco, e aparecendo literalmente em outros momentos, como no refrão de *Meu Bolero*). A pessoa-música da primeira faixa vê com a ótica do criador dessas mensagens estranhamente poderosas. A música-pessoa da última faixa é vista com a ótica do receptor, contaminado por esse poder. Primeira e terceira pessoas / masculino e feminino / samba e salsa (que fez "a cabeça do jazz e rock'n'roll") / o mesmo e o outro. As duas faixas se referem a essa experiência plena em que a música penetra e é penetrada pela vida. E as duas apontam para a permanência no tempo, como uma espécie de resistência vitoriosa: "Eu sou aquele que o tempo não mudou" (*Dos Prazeres, das Canções*); "Era assim / É e será / É assim / E assim será" (*Eassimserá*).

E entre elas, preenchendo o espaço da boca ao ouvido, está o resto. A surpreendente seleção de momentos da mais alta poesia — Joyce do *Finnegans Wake* (*Nuvoleta*) e John Donne (*Elegia*), via Augusto de Campos; *Galáxias*, de Haroldo de Campos (*Ode Primitiva*) — e sua transformação absolutamente natural em letras de música. As canções curtas que se bastam. A liberdade de transitar por diversos gêneros (à maneira índia negra grega gregoriana eletrônica) com a mesma marca pessoal. A limpidez do canto, que diz ao máximo o que as canções estão dizendo. As contribuições tão bem colocadas de Caetano (*Meu Bolero*) e Lulu (*Blues da Passagem*). O despojamento dos arranjos. A simplicidade conjugada à inovação — nosso sonho e nossa proteína.

O disco de Péricles me faz pensar naquele "mistério das letras de música", de que fala Augusto de Campos: "tão frágeis quando escritas, tão fortes quando cantadas".

Pois é na possibilidade de imagens tão densas como "sonho proteína" (uma conjunção de dois substantivos que se adjetivam, do porte do genial "brutalidade jardim", de Oswald, usado por Torquato; tirando o sonho, de sua condição abstrata, para a concretude de substância nutritiva vital, absorvida fisicamente pelo corpo) conviverem com imagens-ready-made eficientemente banais como "leite condensado", que reside a graça, a potência dessa coisa que se faz "por que não? porque sim". Essa possibilidade só existe no ambiente fundado pelo canto.

Só a mensagem cantada pode encher de novos sentidos cada sílaba; pode criar seus próprios ritmos; pode transformar "dor" em "dou" (*Dos Prazeres, das Canções*); pode falar tudo e não dizer nada (*Sem Drama*); pode iluminar o paradoxo de sua própria existência, apenas com o deslocamento de uma tônica, como na equação gertrudesteiniana, no final de *Sem Drama*: "Uma canção é uma canção é uma canção".

21 metas para a televisão do futuro

*revista **Globosat**, 08/10/93*

1) Melhoria crescente de definição de som e imagem a custos cada vez mais baixos.

2) Programação ininterrupta durante a madrugada.

3) Maior, cada vez maior número de emissoras. Multiplicação de canais alternativos, independentes. Fim da necessidade de autorização estatal para transmissões. Pequenas estações com acesso à alta tecnologia.

4) Antenas que funcionem bem.

5) Unificação dos formatos, bitolas e sistemas de codificação. Extinção das reservas de mercado. Um só sistema mundial de vídeo.

6) TVs de bolso.

7) TVs descartáveis.

8) Telas triangulares, circulares, em diversos formatos. Telas não planas, com relevos. TVs-esculturas, fabricadas em moldes encomendados especialmente pelo consumidor.

9) Acesso cada vez mais fácil e rápido às transmissões de estações de qualquer parte do mundo. Parabólicas menores e mais possantes. TV internacionalizada. Cada domicílio contendo sua pequena babel eletrônica, com dispositivo que acione tradução simultânea para várias línguas à escolha.

10) Outras possibilidades de alteração do som e da imagem. Além dos tradicionais comandos de sintonia, saturação, volume, contraste e brilho; inserção de comandos para interferência criativa sobre o material transmitido. Possibilidades de solarizar, negativar, inverter, multiplicar, distorcer, sobrepor as imagens e equalizar, remixar, fundir os sons. Tratamentos dados a som e imagem em computadores e ilhas de edição passariam a fazer parte do repertório comum de controles dos aparelhos de TV, para livre manipulação do espectador, agora mais ativo na relação com o meio.

11) Todos os canais simultaneamente na tela, por subdivisão e também por fusão das imagens e sons.

12) Possibilidade de inserção de imagens e sons outros que interfiram e se relacionem com o material transmitido.

13) Tecnologia digital de gravação, edição e reprodução ao alcance de qualquer consumidor. Videocâmeras caseiras com qualidade profissional. Acesso mais corrente aos meios de produção.

14) Projeções holográficas no espaço, fora dos limites da tela.

15) Serviço de acesso a transmissões já realizadas em todas as emissoras, que possa veicular programas já passados a pedido exclusivo de cada telespectador. Dessa forma, o usuário poderia confeccionar sua própria programação, nos horários que quisesse, podendo conjugar gravações de diferentes emissoras num único canal sintonizado, específico para a prestação desse serviço, com acesso a informações de qualquer época. TV como banco de dados para pesquisas, acionado pelo telespectador em seu domicílio. Acesso a catálogos com listagem de tudo que constar no arquivo de cada emissora, para consulta e uso do respectivo serviço.

16) Monitores contínuos de grande extensão (como biombos) para caminhantes.

17) Emissoras volantes, que possam funcionar durante curtos espaços de tempo em qualquer lugar do planeta onde se instalem.

18) Transmissões interplanetárias.

19) Atendimento adequado às diversas necessidades culturais, com variedade de usos da linguagem videográfica. Em decorrência da menor intervenção do Estado, perda do caráter unificador e impositor de padrões linguísticos, estéticos, comportamentais aos povos.

20) Aparelhos inteiramente produzidos com material reciclado.

21) Transmissões telepáticas via satélite, sem necessidade de aparelho externo, que reproduzam não apenas som e imagem, mas experiências físicas completas, incluindo tato, olfato, paladar.

Dorival Caymmi

*release para o disco **Dorival**, publicado n' **O Globo**, 24/04/94*

"Inútil beleza
A tudo rendida,
Por delicadeza
Perdi minha vida "

Não pude deixar de lembrar esses versos de Rimbaud (autor também do *Barco Bêbado*, poema de entrega total ao mar) via Augusto de Campos, quando me convidaram para escrever alguma coisa para Dorival Caymmi — o artista que mais verdadeiramente rima beleza e delicadeza em nossa música popular. Caymmi faz 80 anos. E suas canções continuam vibrando com a mesma intensidade e integridade, em qualquer tempo. Penso no poder de penetração da delicadeza, na água que esculpe os recifes na praia, na sabedoria que apazigua, no mistério de como essa voz tão grave pode ser tão solar; "lagoa escura arrodeada de areia branca", sob a lua branca arrodeada de céu escuro ("A noite tá que é um dia").

Se é possível qualquer identidade de manifestação entre os fenômenos naturais e as criações do homem, um lugar onde isso se faz mais evidente é a música de Caymmi. O sol que brilha está lá. O vento, os coqueiros, a ressaca da maré. O mar não é apenas tema de suas canções — ele ecoa na forma como a melodia deságua; as palavras se enredando em ondas sobre a areia da nossa orelha. Caymmi não imita o mar; cria em intimidade com o processo de sua ocorrência ("maríntimo", como quis Risério em seu *Caymmi: Uma utopia de lugar*). Aquilo ecoa aqui.

Quando Caymmi canta *Pescaria*, sente-se o baque ritmado do remo na superfície da água. Em *Saudade de Itapuã*, sente--se o vento batendo nas folhas; aroma tato gosto som e cor. A melodia que estende as palavras "coqueiro", "areia" e "morena" vai tornando cada vez mais viva a presença desses elementos, que reverberam depois em *Dora* ("Ô Dora..."), estabelecendo um diálogo melódico-aliterativo entre as duas canções. Dora se imantiza de Itapuã. Seu requebrado, não só descrito mas quase materializado pela inserção ideogrâmica do nome de Dora entre o "pra lá" e o "pra cá", também remete ao quebrar da onda que leva ("é bonito") e traz ("é bonito").

A música de Caymmi presentifica os referentes de seu discurso. Dá-lhes corpo e vida. Talvez por isso um grande número de nomes próprios (Maurino, Bento, Dada, Zeca, Chiquinha, Chica, Rosinha, Rosa, Maria, João, Marina, Teresa, Dora, Juliana, Gabriela, Pedro, Adalgisa, Chico Ferreira, Doralice) a povoe. Caymmi canta "É noite" e a noite se faz. Canta "Vamos chamar o vento" e o vento vem. Não se refere apenas à voz do personagem pescador que anseia ver a vela embalando o barco. Instaura o chamado ao agora do canto, que também se faz de ar (assim como o vento "faz cantigas nas folhas no alto do coqueiral"). Caetano refere-se precisamente a essa inteireza, quando canta: "Itapuã / quando tu me faltas, tuas palmas altas / Mandam um vento a mim / Assim: Caymmi".

As canções de Caymmi são ecos de sensações tidas ante a enormidade do mar, do céu, do sol, da ventania. Suas melodias parecem ter sempre existido naquelas palavras, tão naturais em sua justeza. Não parece coisa feita por gente; parece o canto das coisas em si. Daquilo que não tenta, quer, anseia nada porque é. Marina sem pintura.

Caymmi faz 80 anos. E eu, que tenho uma mãe chamada Dora e uma filha chamada Rosa (dois nomes emblemáticos de seu repertório criativo), me vejo ante a eternidade de sua obra, que vem de antes de mim e continua depois de mim mantendo intacta sua delicada beleza.

Este disco é mais uma prova disso.

Ponto de contato

*revista **Casa Vogue**, nº 4, 1994*

Quando nos defrontamos pela primeira vez com uma cultura, seja ela uma antiga civilização já extinta ou uma tribo recém-contactada, seus mitos, costumes, cultos, objetos, formas de estruturar e expressar pensamento via linguagem causam estranheza. Ao mesmo tempo, alguma coisa em nós compreende, identifica algo comum que legitima aquelas outras possibilidades de vida e morte. Como os dois polos de um ímã, o espanto se dá na medida do reconhecimento. Uma sensação subterrânea, subcutânea, ancestral, humana, estabelece um ponto de contato, muito primário. É no abismo dessa intersecção que Tunga faz as suas coisas (esculturas, textos, filmes, desenhos, vídeos, fotos, instalações, objetos, ideias, montagens, coisas — pois ele não age como um especialista; ao contrário, nutre-se criativamente nos mais diversos campos do conhecimento, desviando seus frutos para um uso muito particular. Como quem estuda o movimento das marés, não para navegar, ou o mecanismo do motor de um carro, não para consertá-lo, ou o processo químico da formação de ferrugem, não para eliminá-la. A tal condição ele próprio se refere, em alguns momentos: "Tratava eu de cultivar espécimes com o inconfessável propósito dos 'experimentadores ocasionais'" [em *Semeando sereias*, Newcastle, 15/05/93]; "Sendo eu um entusiasta dos insetos, seus mundos e hábitos, encontrei oportuna a viagem para avivar meu deleite de entomólogo amador" [em *Tesouro besouros*, Manaus, 08/02/92]; "*Ruptura* e *tensão* mostram que a migração de noções em diferentes campos de conhecimento pode ser extremamente positiva para a arte" [entrevista ao Caderno *Mais!* da *Folha de São Paulo*, 30/01/94]; "É mais importante para a arte o contato com outras fontes do que beber sua própria água com o risco de torná-la mais uma disciplina especializada [entrevista já citada]). Hipertrofiando aspectos sensíveis onde nos reconhecemos e estranhamos ao mesmo tempo. Como se tecendo a gênese de uma cultura; com suas mitologias, cosmogonias, ciências, simbologias. Com tudo que pode haver de terrível e de sublime nesse gesto. Bênção e crueldade.

Assim, suas criações parecem dialogar entre si, estabelecendo laços, como as muitas faces de uma mesma cultura em formação. Toda sua obra parece trabalhar para a construção de um sentido, ou de um sistema de sentidos.

Por isso a recorrência às vezes obsessiva de alguns ícones, ou o uso reincidente de alguns materiais. Por isso também as instalações com peças ligadas fisicamente umas às outras, por sua disposição no espaço, ou conectadas por algum outro material. Partes que se encostam.

Os polos negativo e positivo da matéria magnética encontram correspondência nas lagartixas de duplos rabos/cabeças. Como elas caminham para frente, a degenerada regeneração simulada por Tunga efetiva uma versão orgânica dos ímãs, usados por ele em outras peças — os rabos nas duas extremidades sugerindo atração/as cabeças sugerindo repulsão. Ao mesmo tempo a lagartixa emendada (um corpo que são dois) remete diretamente à peça-viva das xifópagas capilares. Os cabelos e pentes, por sua vez, sendo instrumentos capazes de gerar energia eletromagnética por atrito, tornam-se metonímia das limalhas de ferro imantadas. As limalhas de ferro imantadas se assemelham a cabelos cortados. Já a insensibilidade tátil dos cabelos é invertida, no despropósito de xifópagas capilares atingirem a puberdade ainda unidas uma à outra. Tal inversão sugere força, como em Sansão, orgulho e sagração, como para os rastafáris — qualidades que incitam sua transformação em totens. O crescimento descomunal dos cabelos (em oposição à condição das lagartixas, que se refazem a partir do corte), retratado em alguns desses "totens", metaforiza o ir infinito do túnel (no filme *Ão*), além da associação física, por suas formas cilíndricas. Ao mesmo tempo, o túnel sugere a infinitude de um útero no parto, do qual as xifópagas carregam e ostentam seu sinal. E o nome do túnel escolhido para a filmagem é *Dois Irmãos*. A referência à origem também se dá pela presença constante da clava; primeira arma usada pelo homem — ela em si um paradoxo, enquanto instrumento de morte primordial. As serpentes entrançadas e seu inverso, trança de cabelos disposta sobre o chão qual uma serpente, petrificam o olhar como o tempo petrifica os ossos em fósseis. Os ossos (como a clava) se assemelham a cobras pelo formato cilíndrico e longilíneo, enquanto se opõem a elas pela consistência (duro/mole). A forma ambígua entre serpente e osso (presente tanto em *Revê-la antinomia*, como em *Les bijoux de Mme. Sade*) sugere uma Medusa que mira seu próprio reflexo, assim como um falo, que oscila entre os dois estados de rigidez. A xifopagia indica atração, como os ímãs. Enquanto essa atração vai se esmaecendo, conforme crescem os cabelos, nas lagartixas ela vai se tornando cada vez mais potente, a partir do corte, conforme aumenta o processo regenerativo. Atração e repulsão metaforizam também o próprio mecanismo de estabelecer as relações mais primárias do pensamento (associação, oposição), da linguagem (paradigma, sintagma), dos contatos de pele.

Reiterando e amplificando tais relações, encontramos também associações fônicas, paronomásticas, entre os elementos usados por Tunga: (fios de) cobre-cobra, (cabelo) loiro-ouro, serpente-pente, fêmur-fêmea, ímãs-irmãs (xifópagas), tesouro-besouros, túnel-funil. Esses são apenas alguns elos, os mais evidentes a meus olhos, dos que compõem esse complexo emaranhado de contágios. Numa espécie de ficção documental (texto impresso num pequeno catálogo, com fotos de alguns trabalhos), Tunga faz ainda questão de tecer outro plano de aproximações, dessa vez na forma de um enredo, onde o motivo de cada criação convive com os outros numa história comum, supostamente por ele vivenciada. Essa narrativa inclui referências a cartas, telegramas, recortes de jornal, conversas, depoimentos, placas, documentos, inscrições em próteses, achados paleontológicos, registros de experiências telepáticas, decifrações de anagramas, coincidências. Todos os fatos se remetem uns aos outros, interagindo para justificar um contexto de invenção, a que se vão acrescentando novos signos; novas exclamações sobre as mesmas interrogações. "Quimeras de uma cultura", como ele mesmo indica em *Semeando sereias*.

Tudo é estranho. A lua boiando no céu. O sol, a chuva. Os ossos duros cobertos de carne não tão dura. O crescimento ininterrupto dos cabelos, das plantas. Não podermos respirar debaixo d'água. Os bichos crescerem dentro dos ovos, das barrigas. As lagartixas se regenerarem de sua parte cortada. O tempo transformando matéria orgânica milenar em carvão, petróleo e outras formas de energia. Existir. Tudo no mundo é estranho por si. As obras de Tunga vêm da estranheza natural dos fenômenos; da observação dos fatos do mundo.

Tunga toca nos cabelos, dentes, unhas, ossos — resquícios minerais incrustados no corpo humano.

Winterverno

*prefácio para o livro **Winterverno**, de Paulo Leminski e João Virmond, Fundação Cultural de Curitiba, 1994*

Aos poucos vamos podendo pisar essas pedras que Leminski nos deixou, e que voltam sempre a nos confirmar a grandeza e a profundidade de seu mergulho poético. Depois do corpo de poemas inéditos que veio à luz com *La Vie en Close* e do deslumbrante *Metaformose*, recém-lançado, podemos agora curtir esse *Winterverno,* fruto de um belo diálogo intersemiótico com João Virmond. Entre as inúmeras formas de associação gráfica entre imagem e verbo em nossa época — da ilustração à legenda, do caligrama ao logotipo, da pintura escrita à poesia visual, do cartaz à HQ — *Winterverno* tem uma face singular. A síntese verbal de Leminski e o traçado conciso de João se afinaram com muita naturalidade, numa conversa que nos aproxima da condição do haikai, em sua origem ideogramática (dois invernos diferentes formando o mesmo). Aqui os códigos verbal e visual se alimentam mutuamente, ora se complementando, ora se tensionando; ora se traduzindo, ora acrescentando um ao outro novas significações. O resultado é de uma sintonia surpreendente, que muitas vezes incorpora e exibe dados sobre a situação do encontro em que foram feitos — com margem para o salto, o voo, o *insight* — e toda sorte de coincidências. A simplicidade e a liberdade com que essa relação se fez, tão intimamente, faz lembrar, por vezes, o *Nascimento Vida Paixão e Morte*, de Pagu, o *Romance da Época Anarquista*, diário de Oswald e Pagu, ou o *Perfeito Cozinheiro das Almas deste Mundo*, diário da *garçonnière* de Oswald — obras/ não-obras onde o verbal e o visual se misturam, como a própria criação se mistura à vida. Além de momentos altamente concentrados da poesia de Leminski; além da riqueza de soluções gráficas exploradas por João em seus desenhos; além da delicada interação dos dois códigos; o mais belo desse livro me parece a forma como ele incorpora em si o processo de sua feitura — exposto no raio x dos suportes precários onde inicialmente o diálogo foi se fazendo (e que compõem sua segunda parte). Rabiscados em folhetos publicitários, guardanapos de bar, pedaços de embalagens, folhas de caderno, a matéria-prima que houvesse na hora; os registros nos mostram a urgência da criação contaminada de vida, contaminando a vida, na captação de seus instantâneos. Um livro que foi se fazendo quase sem querer, e que foi se fazendo querer até tornar-se um projeto comum de Paulo e João; da expressão espontânea de uma afinidade à descoberta de uma linguagem.

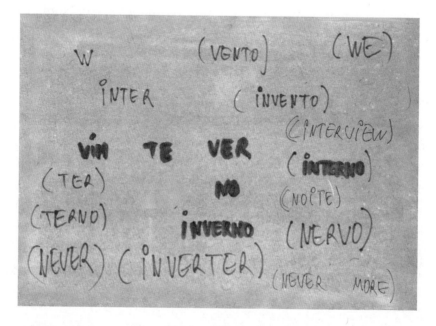

Poesia Concreta

Folha de São Paulo, 03/10/94

Depois da provocação grosseira e gratuita de Bruno Tolentino ao poeta Augusto de Campos, que respondeu com veemência, motivando mais duas séries de insultos do primeiro (uma nesta *Folha*, outra n' *O Estado*, em 17/09/94); brotam agora repercussões, como a intervenção de Marcelo Coelho *(Polêmica reúne insultos e exibição erudita, Ilustrada* de 23/09/94), que vem a público rapinar a "polêmica" para decretar a "decadência" e os "dias contados" do "formalismo dos irmãos Campos" — repetindo os mesmos preconceitos que estes enfrentam há 40 anos; vários deles compilados na colagem *ready-made* publicada em 1976 na revista *Qorpo Estranho*, sob o título de *The gentle art of making enemies*: "... muita algazarra e pouca fecundidade" (Gustavo Corção, *O Estado de SP*, 10/03/57), "... uma voluntária castração, que não parece levar a nada" (Antônio Houaiss, 1957), "... (a poesia concretista) emparedou toda uma geração, a partir de 1956" (Affonso Romano de Sant'anna, *Veja*, 16/07/76) etc.

Marcelo Coelho não surpreende, por já haver atacado a poesia de vanguarda diversas vezes em sua coluna semanal, sempre tão leviana quanto rapidamente; e por já haver demonstrado sua incapacidade para a análise de poesia em outras ocasiões, como por exemplo em seu artigo sobre Manoel de Barros. A partir do momento em que ele adentra agora a discussão para expor sua intolerância contra a poesia mais interessante que se tem feito por aqui (e não me refiro apenas à poesia concreta, mas também a inúmeros poetas que assinaram o protesto contra as ofensas do artigo de Tolentino, e que ele define como "um previsível grupo de admiradores de Augusto"), sinto-me motivado a responder, em parte por discordância com a sua concepção de poesia, em parte pelo desejo de afirmar a evidente diversidade de caminhos estéticos na produção poética de hoje, tão maior do que se quer fazer crer naquele artigo.

Colocando a máscara da isenção, Marcelo Coelho questiona os termos da polêmica. Condena o texto de Bruno Tolentino, considerando-o "repulsivo" e atribuindo-lhe "o gosto pela cafajestada". Ao mesmo tempo lamenta que este não tenha desferido seus golpes contra o livro *Despoesia* (título que omite, chamando-o de "recente coletânea de poemas de Augusto de Campos publicada pela Perspectiva"), ao invés de ter se voltado contra uma única tradução. Tal sugestão aparece estampada como segunda manchete de seu artigo: "Bruno Tolentino desperdiçou a oportunidade de criticar a esterilidade do concretismo ao atacar Augusto de Campos". Ao mesmo tempo que diz ir contra o "tom do artigo de Tolentino", anseia por vê-lo aplicado em escala mais larga. Quer dizer: a "cafajestada" então não é condenável em si, mas dependendo de seu alvo? Está claro que sua intenção ali é forçar o processo que diz perceber: "que os dogmas, as ideias, a maneira de se ler poesia, características do concretismo, estão em decadência (...) que o formalismo dos irmãos Campos está com os dias contados".

O articulista se refere ao "concretismo" como se este se manifestasse ainda hoje sob a forma de um movimento. Acontece que no período em que isso ocorreu havia uma realidade cultural inteiramente diversa; um contexto ao qual fazia sentido responder sob a forma de uma articulação conjunta, com princípios estéticos e estratégias de ação comuns. Sem abrir mão do compromisso com a novidade, do rigor e das preocupações voltadas para a materialidade da linguagem, os poetas que fizeram o movimento da poesia concreta passaram há muito tempo a desenvolver obras individualizadas, sem o caráter coletivo de movimento que os uniu nos anos 50. Nesse sentido, não há só desinformação como um tanto de distorção, em negar suas conquistas de linguagem para além daquele momento, tratando indiferenciadamente poetas tão singulares como Augusto e Haroldo por "irmãos Campos", como se tal entidade existisse.

A principal acusação desse artigo se refere a uma suposta "esterilidade do concretismo" — já tantas vezes repetida e respondida desde os anos 50. Segundo ele, "só se fala, há muito tempo, em tradução; só se discute tradução, quase só se faz tradução. Isso é influência do concretismo — que assim disfarça a própria esterilidade". É curioso que tal colocação seja feita justamente no momento em que é lançado o *Despoesia* de Augusto de Campos — coletânea de 15 anos de produção poética (a última edição comercial de sua poesia, *Viva Vaia*, é de 1979). O próprio Augusto esclarece, em entrevista ao *Jornal da Tarde* (24/09/94): "Produzo pouca poesia. Cerca de dois ou três poemas por ano. Quero acreditar que isso provenha, em parte, de uma disposição de rigor, da ideia de uma 'arte de recusas'...". Mas "esterilidade" aqui não se refere apenas à escassez de produção. Aponta, em parte, para uma suposta impossibilidade de dar continuidade às experiências de linguagem lançadas pela poesia concreta — fragmentação de núcleos vocabulares; subversão ou, em alguns casos, eliminação da sintaxe; exploração de recursos não-verbais como forma de excitar outros níveis de significação do verbal etc. Como justificar, nesse caso, o prosseguimento das experiências individuais de Augusto, Haroldo e Décio Pignatari em várias áreas (da tradução à prosa, da poesia visual ao vídeo, do CD às apresentações ao vivo, da holografia à computação gráfica)? E como justificar o trabalho de várias gerações de poetas que atuam com independência estética, frente a uma tradição que inclui a contribuição preciosa da poesia concreta em seu repertório de referências e procedimentos, dando desenvolvimento ao fértil campo de pesquisas ali aberto, não só na poesia visual como na sua contaminação em outras mídias; não só na arte do verso (agora um pouco mais acima do chão, como na parábola de Cage) como na prosa poética; não só na poesia como na música popular? Finalmente, se a acusação de esterilidade se refere ao tamanho reduzido de muitos poemas de Augusto de Campos (opção individual pela síntese; dizer o máximo com o mínimo), soará tanto mais descabida se colocada à luz da exuberância de um livro como *Galáxias*, de Haroldo de Campos.

Além disso tudo, ainda se reclama do exercício da tradução, como se ele pudesse impedir, ao invés de alimentar, a produção original de poesia. Como se ele em si (principalmente, a tradução criativa, ou "transcriação") não fosse produção original de poesia. Mas, para aumentar sua incoerência, em outro trecho de seu artigo, o crítico elogia como "mérito imenso" dos "irmãos Campos", "divulgar autores desconhecidos". Eu pergunto se é possível divulgar autores desconhecidos de outras línguas sem os traduzir.

Marcelo Coelho esbarra no procedimento redutor de tratar isoladamente forma e conteúdo, como se os poemas de linhagem construtiva, por recorrerem mais ostensivamente aos jogos formais, não se justificassem semanticamente. Assim, usa o termo "formalismo", fala em "confiança mística, irracional (...) nas coincidências sonoras, no significante", que a seu ver acarretaria em "desprezo pelo conteúdo". Acontece que a poesia é justamente o espaço de linguagem onde a forma significa; onde significante e significado se amalgamam um ao outro, indissociáveis. Onde a linguagem se desfaz de sua arbitrariedade na nomeação do mundo, para se conjugar às coisas numa relação motivada. Ou, como quis Octavio Paz: "... o lugar onde os nomes e as coisas se fundem e são a mesma coisa: à poesia, reino onde nomear é ser" (*A Imagem,* em *Signos em Rotação*). E isso não é privilégio de vanguarda ou retaguarda, mas uma condição de toda poesia. Augusto de Campos intensifica justamente essa "coisificação" da linguagem, atingindo alto grau de condensação de sentidos. Isso fica evidente nesse *Despoesia,* onde as múltiplas soluções gráficas também são usadas para ampliar os planos de significação.

Considerando apenas os componentes sonoros do significante, sem atribuir qualquer importância aos aspectos visuais (apenas mencionando-os — como "experiências tipográficas" e, enigmaticamente [pois Augusto e Haroldo nunca trabalharam diretamente com manuscritura], como "caligrafias" — para associá-los a um "desprezo pelo conteúdo"), Marcelo Coelho acusa a "mania pelo trocadilho", como um dos "problemas da poética concretista" e como um de seus "critérios facilmente adaptáveis ao analfabetismo". O termo "trocadilho" parece se aplicar aqui, de forma pejorativa, às aliterações, paronomásias, anagramas e outros jogos sonoros de que a função poética se utiliza para gerar aquela "permanente hesitação entre som e sentido", a que Valéry se refere. Assim nomeando, tenta diminuir e invalidar toda pesquisa poética que associe similaridades fonéticas a ambiguidades semânticas. Na verdade, "trocadilho" poderia corresponder ao uso da função poética fora da poesia, como no, citado por ele, "I like Ike". Mas, afinal, o que faz a poesia ser poesia, além do uso, com maior incidência, da função poética, precisamente definida por Jakobson? É justamente uma questão de finalidade — a propaganda quer vender o produto; o panfleto político visa o voto, ou a formação de uma determinada consciência; a linguagem cotidiana faz uso dela para agilizar a comunicação em algumas situações. A poesia não visa nenhuma finalidade prática exterior à sua manifestação; tem uma finalidade em si, que Pound definiu como "nutrição de impulsos": "Parece-me bastante possível sustentar que a função da literatura como força geratriz digna de prêmio consiste precisamente em incitar a humanidade a continuar a viver; (...) em nutri-la, e nutri-la, digo-o claramente, com a nutrição de impulsos" (*Como ler*, em *A arte da poesia*).

O artigo de Marcelo Coelho acusa a "poética concretista" de desprezar "tudo o que de secreto e sensível possa haver no entendimento poético do mundo". Ora, qualquer entendimento poético do mundo passa pela linguagem; aliás qualquer entendimento do mundo passa pela linguagem. Não existe pensamento sem ela. Portanto o corpo a corpo com essa matéria é inerente à produção poética. De que serviria obscurecer essa relação? Que qualidade seria capaz de vincular maior subjetividade ("secreto") a maior sensibilidade ("sensível"), se, na verdade, a eficiência de uma mensagem poética depende justamente, em grande parte, de sua clareza, de sua precisão, de sua justeza na "aplicação da palavra à coisa" (Pound)?

Quanto à questão da sensibilidade em si, faz lembrar a velha cantilena que a opõe à atividade cerebral, separando categorias que, tanto no plano estético como no fisiológico, se completam, se traduzem, se alimentam mutuamente. Augusto de Campos toca a questão, com clareza, no poema *coraçãocabeça*, de 1980 (presente em *Despoesia*):

cor(em(come(ca(minha)beça)ça)meu)ação
cabe(em(não(cor(meu)ação)cabe)minha)ça

O artigo de Marcelo Coelho tenta enquadrar o contexto poético da atualidade na ótica de uma polaridade que já não abrange suas manifestações. Não dá para reduzir os caminhos da poesia, como se eles estivessem sendo monopolizados por grupos como "os irmãos Campos" e os "que são contra os irmãos Campos". Transferir relações de poder comuns à área política ou às batalhas comerciais para a vida estética incorre em perigosa generalização. Nosso momento histórico-cultural não reflete a necessidade nem a possibilidade de movimentos coletivos que apontem o futuro numa única direção. Multiplicaram-se os meios, os procedimentos e as formas de enfrentar a questão da novidade frente à tradição. A poesia brasileira avança para muitos lados, e muito desse avanço se deve ao trabalho que Augusto de Campos vem fazendo por ela, há tantos anos.

Era Tudo Sexo

*prefácio para o livro **Era Tudo Sexo**, de Mônica Rodrigues Costa,
Ed. Maltese, 1994*

O que faz um registro pessoal de vida vir a ser poesia?
Essa é a primeira questão que me desperta este livro, tão
explicitamente ligado à experiência íntima quanto elaborado
formalmente, com seus cortes secos alinhando colagens de refe-
rências díspares (nomes de ruas, frases impressas nas paredes
do metrô, notícias de jornal, recortes rápidos da cidade, nomes
de pessoas, marcas de produtos, objetos cotidianos etc.), que
interagem com precisão rítmica e semântica.

A resposta, nesse caso, talvez esteja associada à conquista
de um sotaque próprio, marcado pela enumeração entrecortada,
onde o corpo do poema se abre aos objetos do mundo, para
expressar o universo emocional. Sem derrapar para a lassidão
confessional, comum aos poetas que supõem que à poesia bastam
os sentimentos, esse sotaque vai se afirmando como linguagem
a cada poema, com a fluência tão natural de seus ritmos irre-
gulares, com suas subversões sintáticas instaurando quebras na
linearidade discursiva, suas assonâncias entrelaçando delicadas
correspondências de som e sentido, suas montagens cinemato-
gráficas, sua despontuação.

Os poemas de Mônica são construídos com rastros. Cacos.
Fragmentos superpostos do que se pode ouvir, ver, pegar com a

mão. Antes da matéria se prestar à metáfora, ela se mostra em si. Bruta. Irrompendo o fio condutor do discurso numa erupção de linhas cruzadas; interferências de diferentes territórios semânticos, que se atritam na mesma medida em que convergem para expressar sentidos comuns, com diferentes gradações de proximidade/transitividade em relação aos contextos situacionais onde irrompem.

Como, por exemplo, em *o que existe 2*, onde o zoom vai se abrindo — da "prateleira / gaveta, cabide" onde fica "a camisa / que você escolheu / vestir pra me ver", passando pelo "rosto do carteiro / o táxi, o aeroporto" até dissipar o foco (em busca de outro nível de definição) em associações mais rarefeitas como "vento, maré, travessia / flores, deuses, oxum / o que faz você suspirar?".

Ou como em *modelo-padrão*, onde em meio à enumeração de objetos encontrados numa bolsa ("telefone anotado / no talão de cheques", "maço amassado / de cigarros", "pente de osso", "poemas recortados/ do jornal", "trabalho escrito para exu", "a carteirinha do clube", entre outros), que corresponde à ação sugerida no primeiro verso ("procura coisas na bolsa dela"), insere-se "uma marca de nascença", que corresponde a outras ações ("observa seu rosto", "desliza as mãos no seu corpo") introduzidas no decorrer da lista, ampliando e confundindo os diferentes planos da colagem. Em decorrência dessa abertura, diversos termos passam a pender, ambíguos, entre as duas condições possíveis (na bolsa ou no corpo?) — "um troço qualquer", "algum indício / prova de amor / sinal de vício", "dígitos de sua presença", "diafragma / com diâmetro exato" — condição que vincula o corpo a seus pertences (signos), remetendo, como tantos outros poemas, ao *Era Tudo Sexo* que nomeia o livro.

Esse procedimento atinge seu ápice no poema final, onde os mais imprevistos objetos ("loja de brinquedos", "adesivos de geladeira", "buraco na camada de ozônio", "Piseis Austrinus", "explosão de infravermelho", "zoológico na fumaça do cigarro" etc.); dos mais distantes ("galáxia PKS 2155-304") até os internos ("prótese dentária", "peito de silicone"), adentram o poema, junto a uma reiteração constante do sentido da frase inicial — "Suma da minha vista". O paradoxo (quanto mais se exorciza, mais a matéria, descontrolada, invade) vai se acirrando no decorrer do poema, em ritmo obsessivo, até sua sintética forma final, que mixa a condição dentro/fora à contradição invasão/expulsão: "madeira atacada de cupim / saia fora de mim".

Com um coloquialismo singular, onde ecoam o ambiente urbano, a arte pop, a poesia beatnik, a tecnologia, a poesia modernista, principalmente o tom ao mesmo tempo despojado e grácil de Pagu — os poemas de Mônica guardam um sabor trágico, implacável, de tratar a própria vivência com cruel sinceridade.

É sintomático que o título *Era Tudo Sexo* seja tirado do único poema do livro que se utiliza do tempo verbal no passado, opondo-se a todos os outros no presente (com algumas inserções no modo subjuntivo). A exceção passa a estampar a capa do volume, quase como forma de desdizer o seu interior. Na verdade *Era Tudo Sexo* é um livro de poemas de amor. Que prova, por sua capacidade de transformar a experiência de vida em experiência de linguagem, a possibilidade da potência dos poemas de amor. Desse contraste, a frase-título ironicamente põe-se em crise, em seu sentido negativo, ligado ao clichê da oposição entre amor e sexo (era tudo apenas sexo), e deixa entrever outro sentido, ligado à incorporação do sexo à vida (tudo é também sexo). Aqui, por extensão, o sexo se volta à própria poesia, ligando o desejo do corpo à consistência da linguagem.

"O que faz você suspirar?"

Isso *(para Tunga)*

Jornal da Tarde, 05/11/94

a queda dos dentes de leite,
o oco do sino,
a sinédoque,
o sem nome do que é
(o buraco),
o botoque na boca,
a dor
(o adorno),
o buraco do lábio onde o botoque cabe,
a boca do sino
(mais espaço entre a perna e o tecido),
o que faz fazer sentido,
o osso,
o espaço entre o pé e o passo
(quanto mais perto do olho menos se vê),
as pedras do chocalho,
o chacoalho dos transportes terrestres sobre as pedras,
o coalhar do leite,
a queda dos dentes,
o desmame
(o desmesmo),
a amnésia cotidiana,
o oco da caixa craniana,

o ovo do sino
(o badalo),
a sombra do símbolo,
a lembrança da silhueta do semblante,
o silêncio dos pêndulos,
o silêncio de todas as coisas que dependem de tempo,
a transparência das pálpebras,
a letra agá,
o desagá,
o lapso entre a gagueira e o eco,
a bomba agá,
a desagregação das células,
o nunca entre uma verdade e a verdade,
o nunca entre as idades,
o aqui do corpo
(o agá da hora),
o oco do coco,
a engrenagem de "uma só peça,
a cópula de um só corpo,
o oco da cabaça
(a água),
o aquilo,
o cabaço da cabeça,
o cérebro do sexo,
o excesso do zero,
o si do sino,
el no,
no translation
(a mensagem de si para si),
a circuncisão,

o siso,
o apêndice
(o que se diz sobre o que se disse),
a repetição,
o pênis,
a repartição dos genes,
a extração do minério,
o funeral do membro amputado,
o apartar depois do amolecimento,
a contração do parto,
o contra-contrário,
a anti-antítese,
o duelo dos elos,
o des-destino
(o oco da sina),
o embalo que nina,
o soco do sono,
a queda dos ossos no leito,
o nunca entre o cansaço e a preguiça,
o menos do badalo maciço no pouco do sino,
o nunca entre os sinônimos,
os nomes do anônimo,
o furo,
o cu do escuro,
a cova do vivo,
o cu do vácuo,
o cadáver futuro
(a fartura),
o olho da agulha,
o espaço entre o olho e a coisa

(o tempo preenchido),
o corpo prenhe,
o ubre cheio,
o desmaio do meio,
o black out do leite no seio,
o cadáver prematuro
(a fratura),
o agora fora de seu agouro,
o oco de fora
(o eco do sino),
o si fora de si,
o ultrassom do raio x,
a casca (da casca),
a hóstia,
a ostra
(a crosta da pérola),
a última pétala da primavera,
a boca banguela,
o casco da caravela,
a outra margem do mar,
(a marca) da marca,
o oco do signo,
a queda do dente de luto,
o novo continente,
o velho conteúdo.

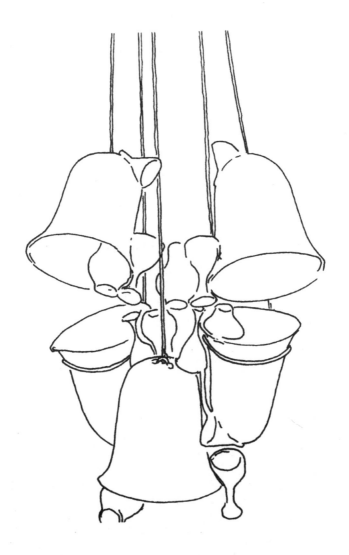

O amor

*Folha de São Paulo, 12/06/95,
caderno **Cotidiano**, especial para o dia dos namorados*

O amor, sem palavras. Ou. A palavra amor, sem amor. Sendo amor, ou. A palavra ou. Sem substituir nem ser substituída por. Si, a palavra si, sem ser de si gnada ou gnificada por. O amor. Entre si e o que se. Chama amor, como se. Amasse (esse pedaço de papel escrito amor). Somasse o amor ao nome amor, onde ecoa. O mar, onde some o mar onde soa. A palavra amor, sem palavras.

O receptivo

*prefácio para o livro **Todas as letras**, de Gilberto Gil,*
organizado por Carlos Rennó, Companhia das Letras, 1996

Uma vez Gil me disse que havia jogado o *I Ching* fazendo a seguinte pergunta: "O que é que sou eu, afinal?". A resposta do oráculo recaiu no hexagrama nº 2, todo formado de linhas abertas — "O receptivo", que tem como imagem "a terra" e como atributo "a devoção".

A nitidez daquilo me impressionou, por ser tão próximo da forma como o reconheço, como o reconhecem, como vemos que ele próprio se reconhece. Talvez isso seja o que seja ser alguma coisa — o ponto onde todos esses olhares convergem.

Na verdade, a questão parecia se referir ao mais íntimo de seu íntimo. Mas em Gil isso não difere em nada da maneira como ele soa publicamente, de forma explícita, a cada canção, a cada verso de cada canção, a cada palavra de cada verso ou declaração; em cada palco, acorde, atitude.

Gil é o receptivo. Luz onde as sombras se assentam, e que lhes dá contorno. Clareza que abraça o mistério sem temor. O maleável. "Transcorrendo, transformando, tempo e espaço navegando todos os sentidos". A natureza, o princípio feminino ("a porção melhor que trago em mim agora"), o que recebe.

É assim que as palavras se articulam nos encadeamentos rítmicos, melódicos, semânticos de suas canções. O "abacateiro" que atrai "acataremos"; "bárbara bela" que se torna "barbarela", ali onde jeca total vê "Gabriela"; o vermelho da rosa no sorvete; o sonho e o fim do sonho ao mesmo tempo dissolvendo a noite e a pílula, da "boca do dia" à "barriga de Maria"; a "dura caminhada" na "cama de tatame"; o "baú de prata" porque "prata é luz do luar"; o "adeus" se dirigindo à "deusa", com o deslocamento cinematográfico do "a"; o tempo que vai e onde vai dar, menina, do perpétuo socorrei.

Tudo parece fazer sentido na medida em que deixa o sentido se fazer. O casual aberto ao intencional aberto ao casual, como círculos concêntricos se expandindo a partir da pedra, atirada com mira sobre a água sem alvo. Água cristalina não porque reflete, mas porque corre. Onde a limpidez do sentido vem de sua adequação ao ritmo, à linha melódica; clareza vindo da fluência. Cadência.

Como na letra de *Batmakumba* (parceria com Caetano), que condensa tantos significados enquanto parece estar apenas traduzindo onomatopaicamente a batida do tambor. Ali onde a fala da tribo também faz dançar.

Gil deixa que as palavras se digam, se liguem umas às outras, imantadas pela música, para dizer o que ele tem a dizer.

Que baixe o santo, que a musa cante, que o vento sopre, que desça a inspiração, que se creia na ideia de inspiração. Que se cumpra o pedido da "deusa música", e se deixe "derramar o bálsamo, fazer o canto cantar o cantar". Que o destino e a vontade, ação e inação, coincidam, colidam no mesmo gesto. "Mesmo porque tudo sempre acaba sendo o que era de se esperar". Que haja fé, sem esforço, pois nenhum esforço possível pode gerar a fé. Que a raiz seja a antena e o cesto a parabólica. Que descobrir seja inventar e que a meta dessa "metade do infinito" seja "simplesmente metáfora".

Essa entrega, esse espírito aberto ao mundo, essa leitura pessoal da exigência de cada circunstância e sua transformação em autoexigência, como traço da personalidade de Gil, acabaram se traduzindo, sem paradoxo, em intervenção radical, convicta, afirmativa das questões que foram compondo seu ideário. Gil teve sempre a coragem de dizer as coisas em que acreditava nos momentos precisos. Seja ao cantar "miserere nobis", ou "o melhor lugar do mundo é aqui e agora", ou "manda descer pra ver Filhos de Ghandi"; ou "quanto mais purpurina melhor"; ou ainda "sou um punk da periferia", assim, na primeira pessoa — tocando pontos nevrálgicos de contextos muitas vezes adversos, aos quais respondeu com integridade e paciência. "Eu não sou essa quietude, eu sou a minha quietude, não a deles", afirmava ele em 1979, em entrevista ao *Folhetim*.

Sua quietude inquieta deu conta de abordar e abraçar, com lucidez visionária, questões tão diversas como a contracultura, o sincretismo religioso, a negritude, a valorização da informação cultural africana e oriental entre nós, a ecologia, a política, a tecnologia, o carnaval, a macrobiótica, a cultura pop, a ciência, a meditação, as relações familiares, as relações de amor e amizade, as relações sociais, as relações de trabalho, a ancestralidade, o mundo moderno e a consciência primitiva — em formas que transitam livremente entre o baião, o funk, o rock, o afoxé, o samba, o reggae etc. e ao mesmo tempo sem ser nada disso; cumprindo apenas o sotaque particularíssimo de seu violão.

É assim que Gil foi construindo seu nicho de linguagem. Seria pouco apontar o quanto a moderna música popular do Brasil deve a ele tudo que conquistou em termos de construção, acabamento e atitude. Melhor notar o quanto nele se aprofundou a afinidade com a natureza da própria música. Pois não há como não pensar que essa reverência é uma condição dela; que a relação de qualquer um com a música é a de um ser receptivo. E por isso Gil é esse banho, essa aula, essa tradição viva; não pelo que fez, mas pelo que faz. Pela capacidade de manter potente sua linguagem, atualizando fisicamente o passado, a cada nova onda que ele espraia de seu convés, até banhar nossos pés, na praia.

Casulo

*texto para o catálogo **Casulo**, de Edith Derdyk, 1996*

Quando você tenta vedar um pacote aberto de biscoitos torcendo a parte vazia para que os biscoitos não murchem, ele inicialmente fica tensionado na posição em que você o coloca. Mas com o tempo o plástico enroscado vai cedendo mais e mais, desdobrando-se à força da própria matéria, rebelde à forma a que foi imposto, até se abrir, deixando inevitavelmente os biscoitos amolecerem. Ele não recupera mais a forma original, embora tenda a isso; mas também não se mantém no ponto de torsão em que o colocamos. Resulta uma forma híbrida entre a nossa vontade e a vontade do plástico.

Os trabalhos mais recentes de Edith Derdyk ostentam esse embate pendular entre a energia potencial (acumulada na matéria; o pacote de biscoito com a extremidade enrolada) e a energia cinética (que se transforma em movimento; o plástico se desenroscando, no decorrer do tempo). Plástico (branco ou transparente) enrolado enrolado enrolado, amarrado amarrado amarrado com linha preta, depois dobrado e reamarrado e reenrolado até o excesso. Depois cedendo e tendo um ponto exato de seu desdobramento fixado com mais e mais costura e congelado com resina transparente; somado a outro rolo que se enrosca nesse e adquire outra forma, que é amarrada e costurada, e entre eles se abrem vãos que levam os olhos a labirintos internos que parecem querer desenroscar-se o tempo todo. A um ponto em que a forma consumada parece ao mesmo tempo a que se dá a esses rolos plásticos e a que eles atingem, dentro das possibilidades que almejam, quando tendem à distensão. Submetendo a "moldagem" às potencialidades da matéria no espaço/tempo.

Começou com o papel se rasgando. Após desenhar por muitos anos, depois também de desenhar com a linha (somando o sentido material ao seu uso — linha feita de linha) como se bordasse a superfície do papel, Edith começou a abrir cortes, recheando-os de linha preta, num gesto paradoxal — rasgar para aparecer a costura

por baixo do rasgo (não a costura do rasgo, mas uma costura sob o rasgo), como suturas cirúrgicas nas camadas de pele mais profundas. Resultava em sugestões orgânicas, muitas vezes sexuais (bocetas, rasgos, rachas; a obscenidade de pelos internos sob a pele imberbe e branca do papel). Aí esses rasgos foram inchando, como se os pontos inflamassem. As chagas que Edith abriu de repente se tornaram tumores, com relevos cada vez mais acentuados. Bulbos escuros que saltavam de dentro da pele translúcida e delicada do papel de arroz, com suas linhas escuras guardando algo prestes a vazar. Como se os papéis fossem corpos vivos, de dentro dos quais, dependendo da profundidade do corte, vísceras teriam de saltar.

E a matéria, já não se contendo, saiu para fora do plano. É impressionante como, no trabalho de Edith, é clara essa passagem do bi ao tridimensional. O que era desenho foi aos poucos (e diversos trabalhos ilustram as gradações dessa progressão) se tornando escultura ou instalação, por uma necessidade natural do próprio uso da matéria. Da saturação dela no plano, surge o relevo, como um feto (e a imagem do feto vai permanecer sugerida nesses trabalhos, onde a resina-placenta entra como um novo elemento que ao mesmo tempo sedimenta e deixa ver a torsão — de plásticos, linhas, papéis amassados) em crescimento. O que continha parece dilatar cada vez mais, sob a pressão de um volume que vai se acentuando mas continua contido, aumentando a energia acumulada (quanto maior a energia potencial, mais prestes de se transformar em energia cinética).

O casulo não se rompeu, o pus não vazou, o feto não nasceu. Estão agora cada vez mais perto de sua explosão, por isso passaram a independer do papel; do plano; da concepção daquilo enquanto desenho. E foram para o ar. Alcançaram dimensões maiores e passaram a dialogar com o espaço. Ganharam leveza, sem perderem a tensão.

O plástico, em algumas de suas variações, foi o material escolhido para abarcar o anseio que decorreu quando esses abcessos incharam a ponto de não caberem mais pendurados numa parede. As costuras passaram a envolver longos rolos de plástico. Como veias ou intestinos se enroscando, sempre brancos ou transparentes, ou explorando as múltiplas colorações entre o branco (ou os brancos) e as transparências. E as linhas pretas de diferentes espessuras, obsessivamente acumuladas em vários níveis de costura, impondo dobras ao plástico, como camadas sucessivas de um corpo que parece querer sair, mas que é na verdade feito dessas mesmas camadas.

Num gesto inverso à ironia de Christo, que envolve grandes monumentos já existentes, o interior dos casulos de Edith parece ser composto de sua própria superfície. Como um embrulho que embrulhasse o próprio embrulho, sem segredos ocultos, órgãos internos, ou biscoitos para serem conservados.

Ao independerem do papel, nesse salto para o espaço, o lado de dentro e o lado de fora de suas peças viraram a mesma matéria, que envolve e é envolvida. Nos espaços internos que se abrem, entre as dobras e curvas dos rolos plásticos amarrados, o olho visita cavernas feitas da mesma substância que se vê no seu exterior. Plástico e linha recheados de plástico e linha. Branco e preto recheado de branco e preto. E o "querer se desdobrar" do plástico sendo a condição de sua forma adquirida, com excessivas camadas de costura, que por sua vez tendem a ceder. Contenção de forças que transforma matéria inanimada em corpo vivo, o tempo todo não se movendo por um triz.

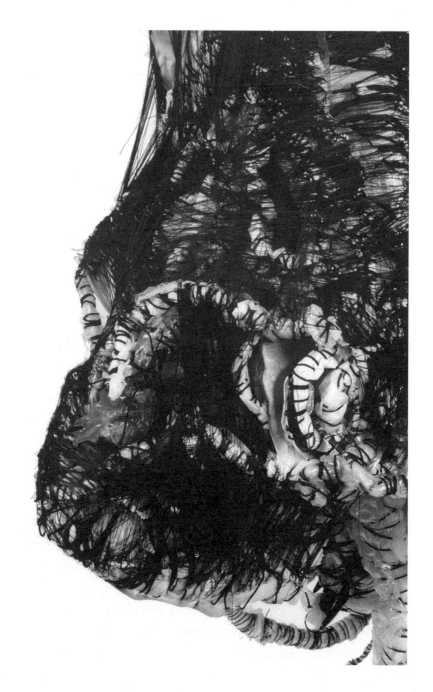

Desorientais

*prefácio para o livro **Desorientais**, de Alice Ruiz,*
Ed. Iluminuras, 1996

Uma faísca um pingo uma semente um grão uma lágrima um átomo um átimo um piscar de olhos uma célula um ácido uma sílaba um transistor um chip uma estrela um cristal. Um objeto concentrado não é um objeto qualquer. Quando olhamos ouvimos pegamos cheiramos provamos é como se nunca houvéssemos olhado ouvido pegado cheirado provado daquela forma e quando olhamos ouvimos pegamos cheiramos provamos de novo é como se nunca houvéssemos olhado ouvido pegado cheirado provado daquela forma outra vez, e assim por diante, sempre a questionar nossa percepção das coisas, revelando muitas vezes o que já estava na cara, abrindo frestas de infinito na realidade cotidiana, com aquela lente microscópica ou telescópica no lugar do olho, ou com zooms repentinos de um a outro campo ("entre uma estrela / e um vagalume / o sol se põe") ou tempo ("era rio / agora avenida / rio da vida"). Apesar de estar usando aqui metáforas visuais, importa frisar o fato desses haikais estarem caracteristicamente marcados pela sinestesia, animando-nos muitas vezes os laços e atritos entre os sentidos ("noite no Sana / o cheiro de açucena / é nosso lume"; "vento seco / entre os bambus / barulho d'água").

É assim que Alice Ruiz vem nos proporcionando lampejos de intensidade concentrada, de uma forma muito peculiar, isto é, com muita naturalidade, isto é, sem forçar a barra, isto é, pisando um terreno que ela conhece como conhece, como se diz, a palma de sua mão, e essa quiromancia geográfica da sensibilidade foi desvendando e carregando de sentidos as linhas e rastros, com tal profundidade, que a fatura desses mínimos denominadores comuns (estrelágrimas, planegotas, sementélites) passou a se dar com cada vez mais intimidade formal.

Como alguém que cuida há anos do seu jardim dos fundos, podando limpando semeando regando um espaço que se vai dominando sem domar, e de cujo contato diário horário minutário segundário brota uma sabedoria acerca de cada um daqueles caules, ramos, folhas e outras exuberâncias da cor mais verde que existe. Desde "nada na barriga / navalha na liga / valha" (primeiro haikai de Alice que li, e que me impressionou de cara pelo poder de síntese e interação sonora-semântica), Alice vem regando e podando (quem não sabe que um objeto concentrado é fruto tanto de adição quanto de subtração?) essas surpresas e o que transparece após esses anos de cultivo é a tranquilidade de quem está "em casa" com uma espécie particular de expressão formal — extremamente difícil e cheia de armadilhas, há que se dizer; uma delas a própria aparência de facilidade que os haikais, por sua necessária simplicidade, costumam denotar.

Alice soube cavar uma maneira pessoal de se relacionar com essas formas mínimas, sem perder o gosto pela brincadeira zen, mas sem também vulgarizá-la com exotismo ou fascínio hipertrofiado — daí seu desafio quase provocativo de nomear o conjunto de *Desorientais*.

Que mais teria eu a dizer de um livro de haikais com esse título? Que acrescentar a esses poemas que, por si mesmos, falam tanto com tão pouco? Meios imóveis de locomoção no espaço/tempo ("até onde a vista alcança / tudo pertinho / a quilômetros de distância"). Instantâneos que assustam com serenidade (fim de tarde / depois do trovão / o silêncio é maior"). Multiplicadores de sentidos ("por você / eu esperava / por mim não"). Ideogramas recortados na realidade ("varal vazio / um só fio / lua ao meio"). Deshorizontes.

Singing Alone

*release para a reedição em CD do disco **Singing Alone**,*
de Arnaldo Baptista, 1996

Aqui tudo é vivo. Respira. Vibra. Tropeça. Descontrola. Ocupa o espaço com suas arestas. Nada é de plástico. Tudo é matéria orgânica.

Estou falando da pessoa, da música, do jeito, dos timbres, do sotaque de Arnaldo Baptista. E estou pensando isso enquanto reouço o *Singing Alone*, remasterizado (com mais clareza em todos os detalhes). Depois de tanto tempo, é espantoso como ele se mantém potente e original, fora de qualquer padrão *standard* de sonoridade. Aqui tudo soa sofisticado e precário ao mesmo tempo. Sofisticadamente precário. Sem verniz.

Tocando todos os instrumentos, canal por canal, cantando meio em inglês meio em português, cruzando propositalmente alguns tempos (como a caixinha de música, o assobio e a guitarra em *Bomba H sobre São Paulo*), acentuando dinâmicas e variando planos de mixagem, Arnaldo produziu um disco que explora os limites daquilo que a gente se acostumou a reconhecer como a linguagem do rock and roll; elevando-a a um grau de inventividade ainda hoje surpreendente.

Um rock muito pessoal, contaminado de diversas informações sonoras, como não poderia deixar de ser para um ex-mutante mutante. De Satie a Stones, do blues à valsa, da moda caipira ao progressivo: "Tá pensando que isso é rock and roll?"

Singing Alone é um disco em que tudo parece querer dizer: estou vivo. Todos os instrumentos tendem a aparecer, com autonomia. Não estão apenas acompanhando, mas comentando; fazendo o seu próprio discurso. Conjugam-se mas continuam íntegros, em seus contornos. A forma completamente inusual como a bateria é tocada, por exemplo — às vezes apenas uma peça, o contratempo ou o aro da caixa, de repente surpreendendo com uma virada de tambores, depois saindo, abrindo espaços, impondo dinâmicas que mudam a todo instante as dimensões do som.

E aqui desponta a impressionante qualidade melódica de Arnaldo, não só no canto, mas em cada frase desenhada no piano, na guitarra, no baixo.

Seu jeito de tocar e cantar me faz lembrar um pouco o Syd Barret, pós-Pink Floyd, pela crueza espontânea de suas gravações. E pela sensação de uma solidão profunda, que aqui soa sempre mesclada de autoironia ("Sei que o mundo está superpopulado / Mas não há ninguém no meu quintal", ou "Hoje de manhã eu acordei sozinho / Pensei: preciso de dinheiro / Eu já não sei se você é o dinheiro", ou "Preciso achar logo outro cowboy / Ou até mesmo um bandido com quem possa conversar"), dissolvendo qualquer tentação mais dramática. E é justamente esse humor, essa leveza na tradução da barra pesada, que destila a comoção verdadeira que essas canções exalam.

Através deste disco, junto ao *Lóki* e aos discos gravados com a Patrulha do Espaço (o *Elo perdido* e o ao vivo *Faremos uma noitada excelente...*), podemos apreciar mais amplamente os desdobramentos desse fenômeno criativo e experimental que foram os Mutantes, e desvendar um pouco onde foi dar essa encruzilhada do tropicalismo com a tradição mais específica do rock, no talento de Arnaldo.

Além de tudo isso, podemos curtir e saudar sua volta nessa recente e emocionante regravação da *Balada do louco*, que não fica nada a dever para a versão original, no disco *Mutantes e seus cometas no país dos baurets*. Ao contrário, acrescenta uma série de novas entonações (como não destacar aqui a maneira trágico-irônica com que ele pronuncia "Sou Napoleão"?) que atualizam a canção de forma pungente.

Rebem-vindo, Arnaldo.

Caligrafias

Folha de São Paulo, *caderno Mais!*, 23/06/96

A caligrafia sempre foi uma modalidade artística valorizada pelas culturas orientais. Os chineses, japoneses e árabes a praticam há alguns milênios, acrescentando inúmeras sugestões de sentido à expressão verbal, através da disposição, curvatura, movimento, fragmentação e espessura dos traços. Esse terreno movediço entre as artes visuais e a arte do verbo não conta com a mesma primazia na tradição ocidental, com seus códigos alfabéticos. A criação de uma correspondência escrita dos sons da fala para os chineses, por exemplo, data deste século. Até então, sua escrita ideográfica sempre foi autônoma, em relação à pronúncia dos signos.

Para as culturas ocidentais, apesar de contarem com os copistas medievais, com os mesósticos e cabalas, com capitulares decorativas, com Blake, com análises grafológicas e outras intervenções esparsas, a caligrafia não chegou a constituir uma linguagem e, muito menos, uma tradição. Muitas dessas manifestações criavam uma interferência mais ornamental do que propriamente isomórfica, em relação ao signo verbal e a seu referente.

A manuscritura passou a ser explorada criativamente com mais radicalidade a partir dos movimentos de vanguarda do começo do século. Marinetti, Tzara, Schwitters, Picabia, Apollinaire e Maiakóvski, entre outros, desenvolveram seus recursos expressivos, apesar desse uso ser minoritário ante à explosão tipográfica da época. Ao mesmo tempo, a poesia começava a assimilar aspectos inerentes à estrutura das línguas orientais — incorporando características analógicas à lógica discursiva ocidental, através de procedimentos como montagens, colagens e intervenções gráficas; subvertendo a estrutura sintática tradicional.

Sintonizada com as possibilidades de um raciocínio poético regido mais pela similaridade que pela contiguidade, e ao mesmo tempo influenciada por aspectos das artes visuais construtivistas, a poesia concreta dos anos 50 formalizou um projeto de inserção de visualidade na escrita que não fosse apenas ilustrativo ou ornamental, mas passasse a se incorporar estruturalmente à linguagem poética, ampliando sua capacidade significativa com a injeção de outros códigos.

Um precursor do uso da caligrafia na poética experimental brasileira foi Edgard Braga. Depois de acompanhar de perto o modernismo de 22, passando por várias fases diferentes, o velho Braga (cujo centenário de nascimento se dará no ano que vem) abandonou o verso e embarcou no movimento da poesia concreta nos anos 50, com *Soma*. Mas foi com *Algo* e *Tatuagens*, já nos anos 60/70, que ele passou a utilizar outros recursos: sobreposição de carimbos com diferentes gradações de tinta, raspagem da tinta no papel com estilete, poemas-objeto fotografados e, principalmente, garranchos, garatujas, rabiscos, riscos e pinceladas manuais que compunham, decompunham e sobrepunham palavras em novas situações de leitura.

Pode-se dizer que, de alguma forma, tais procedimentos inserem na escrita similares gráficos dos recursos entoativos da fala. Isto é, as sugestões de sentidos que as diferentes entonações de voz despertam num discurso obtêm equivalência nos tremores e movimentos da mão que traça o papel. Também o gesto, dado contextual relevante no acompanhamento da fala, tem na arte da caligrafia uma grande importância. É dele que brotam os ângulos e curvas, a consistência e textura do traço; pegadas de maior firmeza ou indecisão, precipitação ou lentidão, brutalidade ou leveza. Como nos quadros de Pollock, que se assemelham a grandes escrituras sem palavras, o gesto aqui não se encerra em quem o realiza — deixa marcas que carregam sua intenção, velocidade e desenho projetado no ar.

Diversos outros artistas vieram a desenvolver, no Brasil, as experiências da genericamente chamada poesia visual e, em particular, caligráfica. Muito desse trabalho teve registro, mais do que em livros, em exposições e nas revistas alternativas dos anos 70 e 80, como *Navilouca*, *Artéria*, *Código*, *Pólem*, *Caspa*, *Muda*, *Kataloki*, *Imã*, *Bric a Brac*, *Atlas*. Foi em algumas delas (como colaborador e, outras vezes, como editor) que Walter Silveira (sob a alcunha de Walt B. Blackberry) veio nos apresentando até hoje parte de sua produção gráfico-poética.

Temos agora a felicidade de contar com uma primeira reunião de alguns de seus trabalhos caligráficos no álbum *Mein Kalli Graphycs* — com seis pranchas soltas, impressas em serigrafia, em 80 exemplares numerados e assinados. A produção teve início em 87, com o auxílio de Omar Guedes, que idealizou conjuntamente o projeto e iniciou sua impressão.

Cabe aqui um parêntese: Omar Guedes foi talvez o mais sofisticado artista gráfico que já conheci. Tinha um conhecimento raro da técnica serigráfica, e uma sensibilidade formal extremamente apurada. Em seu ateliê foram realizadas gravuras de inúmeros artistas plásticos. Também deve-se a ele a impressão de alguns trabalhos de poesia visual, como o belíssimo *Ex-poemas* de Augusto de Campos, e de alguns de seus poemas-objeto, em acrílico. Além disso, tinha seu próprio trabalho autoral, com um domínio extra-ordinário das combinações de cor na serigrafia. Sua paixão pela poesia o levou ainda a editar, com Gilberto José Jorge, o álbum *Agráfica* (87), todo de caligrafias, do qual participei, junto a Edgard Braga, León Ferrari, Júlio Bressane, Go, Décio Pignatari, Tadeu Jungle e o próprio Walter Silveira, entre outros. Com o precoce falecimento de Omar, em 89, *Mein Kalli Graphycs* continuou a ser impresso por Teresa Guedes, sua mulher, que deu prosseguimento a diversos outros projetos da sua *Entretempo Edições Serigráficas*.

Apesar de composto de um número bastante reduzido de trabalhos (continua fazendo falta uma reunião mais ampla dos poemas e caligrafias de Walter publicados em revistas, tais como *cuttings book, entanto..., circe grafitti/1984 d.C, cardiografia, pin up poems, fissuras, banheiro publyko: stylografico punk* etc.), esse álbum se destaca, entre as edições de poesia visual, pelo capricho gráfico com que foi elaborado; desde o papel escolhido, os cor-tes, dobras, impressão e concepção da embalagem, assinada por Laércio.

Todas as seis gravuras que compõem o volume são poemas feitos de uma só palavra. A imantação poética se dá através das características gráficas: a forma do traçado manual e o uso surpre-endente da cor. Em muitos deles está implícito um exercício de decifração. A leitura não é imediata. Mas, ao contrário das chara-das que perdem o interesse quando matadas, é com a revelação que começa a graça e o jogo de sentidos desses objetos verbos-visuais. A partir do atrito entre o sentido dicionarizado do vocábulo e suas virtualidades semânticas exploradas pelos recursos gráficos. A novidade aqui está justamente nesse deslocamento que obriga a ler/ver, para além da leitura convencional, outras informações que as formas de inscrição oferecem.

Assim temos, por exemplo, em *Overture's sign*, a palavra "buceta", escrita na vertical, impressa em rosa "calcinha" sobre um fundo azul "calcinha", totemizada com diversas sugestões icônicas da fisiologia humana (não como uma composição uniforme, mas como um desordenado de associações abertas — o B seios, ou olhos; o U sorriso opondo-se ao C ombro, ou barriga; o ET coluna; etc.). Essas sugestões só emergem devido à estilização gráfica da própria buceta no A final, destituído de seu traço horizontal (remetendo também a duas pernas — no que se assemelha ao ideograma chinês para homem) — onde acaba a palavra, começa a coisa. O ícone se repete também no plano tridimensional, pela dobra do papel (da buceta?), passando pelo centro das letras.

Em *Nexo,* a interação com o referente se dá pelo encontro dos 3 traços horizontais (aqui posicionados na vertical) do E com as pontas e o centro do X, que por sua vez coincide com a borda do O quadrado, para dentro do qual avança, fechando o desenho. Essa estrutura, que faz um certo "nexo" gráfico, se tensiona e questiona com o N inicial, cuja perna escapa à geometrização das outras letras.

Bait'n'blue, o único escrito na horizontal, lê-se pela metade: a parte de cima da palavra "anzol" é eliminada pelo limite físico do papel. Isso realça a representação icônica do objeto-anzol na perna do Z, que avança larga para a frente. Tal grafismo funciona como uma chave, permitindo-nos fisgar a palavra, semioculta pelo corte do papel. Temos aqui um fundo azul claro (água?, céu?), que se mantém até o meio da folha e depois vai escurecendo gradativamente até a margem de baixo. A posição superior

e iluminada da palavra, impressa em prateado, nos remete a "sol", também pela rima, gerando novas associações semânticas.

A indicação de outro signo a partir de um primeiro ocorre também em *attachment*, com "amarra" — palavra que se dobra sobre si mesma separando sua metade "ama", que passa a ser lida na direção oposta a "rra". Entre essas duas metades, fecha-se um espaço em vermelho, onde parecem copular os traços internos do M com a curva entre os Rs. A oposição "ama"/"amarra" gera uma leitura quase irônica, reforçada pelo aspecto kitsch dos laços que envolvem os As.

Em *Vision about Basho*, impresso em preto sobre fundo preto, temos uma versão visual do célebre haikai de Bashô sobre o salto da rã na água, já vertido para o português por Paulo Leminski ("velha lagoa / o sapo salta / o som da água"), Haroldo de Campos ("o velho tanque / rã salt' / tomba / rumor de água"), Décio Pignatari ("velha / lagoa / uma rã / merg uma rã ulha / águaágua") e já inclusive transposto para o código visual, na tradução intersemiótica de Julio Plaza. Walter parece resgatar a repetição "águaágua" da tradução de Décio, usando a própria repetição da letra A na palavra água, disposta como se representasse os dois momentos da rã — antes e depois do salto. O acento e o U sugerem movimento (no ar e na água), ao passo que a perna do G se abre entre os dois As, como a borda do tanque. O processo metonímico (a parte pelo todo) que caracteriza alguns desses trabalhos (o A-buceta, o Z-anzol, etc.) ocorre aqui em outro nível — entre a palavra ("água") e o contexto subentendido que a envolve (o haikai de Bashô). A impressão em preto sobre preto parece sugerir o desaparecimento da rã — leitura na qual a superfície impressa do papel se confunde com a superfície da água, que a escrita turva com um quase imperceptível rumor; rastro de linguagem.

E, finalmente, ...*in totem*, que reproduz a palavra "taboo" espelhada, num diálogo de muitas cores. A construção de

verdadeiros totens verbais, como em *overture 's sign*, com a palavra "buceta" e em "nexus", com "nexo", se explicita aqui, fazendo uso da expressão de Oswald de Andrade (do *Manifesto Antropófago*): "... A transformação permanente do Tabu em totem". Impossível não ler, devido à junção física das três primeiras letras de "taboo" e ao espelhamento que inverte sua ordem de leitura, a palavra "bat". A referência ao mamífero voador cego, noturno, que se orienta por radares, gera um paradoxo para com os inúmeros planos cromáticos, que desfazem a relação letra/fundo, trocando de posição em suas duas metades espelhadas. Os duplos OOs (olhos?, ecos?), soltos do resto da palavra, reduplicam-se numa intersecção dos reflexos, podendo ser lidos tanto na vertical como na horizontal. Todos esses sentidos (tabu/totem, morcego/cores, radar/linguagem) parecem trançar uma rede de interpretações, que se ergue apenas por integrar-se à sua configuração material — de traço, gesto e tinta.

Walt B. Blackberry, mais do que representar semelhanças físicas para com os objetos abordados, recria processos, estruturas e relações cognitivas que dissolvem a arbitrariedade do signo linguístico, poetizando o código, a partir de suas mínimas partículas.

Letra motivada. Cor semantizada. Ideogramas da língua portuguesa.

Entre

*prefácio para o livro **Rente**, de João Bandeira,*
Ateliê Editorial, 1997

Entre os múltiplos caminhos das formas poéticas no Brasil, hoje, João Bandeira atua tanto na especificidade do verbal como nas suas virtualidades em direção a outros códigos. Entre a música e o desenho das palavras; sondando seus limites e possibilidades materiais.

Conjugando o trânsito entre registros variados (do tom mais grave ao sotaque coloquial, do quase haikai à quase ode, do verso à colagem *ready-made*, da caligrafia ao tipo expandido no computador, da fragmentação tipográfica de vocábulos ao poema sequencial entre páginas) a uma intensa consciência de linguagem, Bandeira produz uma poesia capaz de síntese, de susto, densidade.

Uma poesia de pausas. Onde o ar entre as palavras faz atentar para cada sentido que passa à procura de um sentido que passa por outro sentido que. Quase pousa. É assim que leio esse *Rente*, onde os cortes rítmico-sintáticos impõem deslocamentos que refratam diferentes significações.

É assim que leio a substantivação do verbo ser em"; a linguagem fazendo o que faz o "véu de noiva" — desfazendo-se, indo caindo até o vale abaixo (em *lá*); o sonho ambíguo da lagoa ou da montanha em *a montanha insone*; a inserção gradativa do humano na natureza em *manhã*, cujo tom faz lembrar o outro Bandeira, em sua simplicidade complexa; os ecos sinestésicos do "sol" e do "verde", que se tocam e separam através de seus verbos (em *sol*); o entrelaçamento de oxímoros (rosto / reflexo, "raiva solar" / "contentamento estrelado", "rugas" / "franzir do cenho", "en-tre-vistas" / "dando na vista") sintetizados pelo deslocamento da tônica na paronomásia "hábito" / "desabita-o", em *olho com*; os *ready-mades* visuais, onde o jogo de sensos se faz a partir de um olhar que recorta e transforma os objetos do mundo; o irônico laconismo gráfico das reticências encerrando o volume.

Com caráter acentuadamente melódico, que ressoa, no plano semântico, em sensíveis associações de imagens; João Bandeira produziu um livro claro e enxuto — sem sombras nem sobras. Assim ocorre, por exemplo, em *parece mínimo*, onde a equação "compará-la à orquídea" se compacta no termo "compartida", ao passo que "mínimo" se desdobra em "mim". Ou no fragmento de *Noite*, onde as aliterações reforçam a ideia de vivificação da matéria inanimada. Ou ainda na elaborada rede de rimas internas com dança de tônicas ("oscila", "Cila", "Ávila", "sibila", "pálida") em *quando você passa*, que traz ao corpo fônico do poema o próprio "sibilar" referido, presentificando a ação narrada.

É assim que leio, releio, paro, reparo na poesia arejada deste livro, dividido em cinco partes, em cada uma das quais a função poética parece tender mais a uma das outras funções da linguagem, compondo um prisma que explora diferentes soluções formais para se adequar à expressão de cada tema. Essa interação alcança, por vezes, um alto grau de isomorfismo entre a linguagem e seu referente, como em *lá*, onde os fragmentos de palavras "abrindo o vale" perfazem o traçado da cascata; ou como na última parte do livro, mais explicitamente marcada pelo uso de elementos visuais.

Uma linguagem à flor da pele (a flor, a pele)
da linguagem
das coisas.

Vida ou vida

Suplemento Literário, *n° 48, Secretaria de Estado*
da Cultura de Minas Gerais, junho de 1999

Faz dez anos que Leminski se foi.

Dez anos voam.

E a falta que ele faz como criador, agitador cultural e amigo, fica pousada. Dilata-se, de tempo em tempo, a cada releitura de seus livros.

Leminski continua a nos surpreender. Novas mensagens vão chegando aos poucos. Vivas.

Metaformose, por exemplo, é para mim um banho, um deslumbre, uma coisa do nível do *Catatau* — pela densidade, misto de rigor e pique, achados e perdidos de invenções poéticas, de um fôlego que não deixa baixar a bola do começo ao fim. Inclassificável como gênero (narrativa ou reflexão? poema em prosa ou ensaio? ficção ou texto didático?). Impressionante pelo fato de não ter sido publicado em vida — o que de alguma forma revela as dúvidas, sempre tão presentes em Leminski, sobre o valor real de cada rebento seu... "Tudo o que eu faço / alguém em mim que eu desprezo / sempre acha o máximo".

E essas surpresas percorrem também *La vie en close*, *O ex--estranho*, *Winterverno*. Como surpreenderam e continuam a nos re-surpreender seus caprichos, relaxos, catatau, vidas, distraídos, polonaises, venceremos, anseios, agora, crípticos, é que são elas, minifestos, etcéteras — tantos e tanto.

"Não fosse... / e era quase"

Leminski se debatia nas fronteiras entre arte e vida. Sua utopia: "vai vir o dia / quando tudo o que eu diga / seja poesia". Caso de apego profundo e amoroso à palavra — sede de sua água, fogo de seu ar.

O tom de grande parte do que ele produziu nos coloca numa intimidade conspiratória que não é comum de se ter. Como se nos piscasse o olho, por entre as linhas, identificando sempre algo em comum. Essa crença — a de que cada leitor era um comparsa, cúmplice, parceiro — parece ter alimentado o sotaque tão pessoal de sua poesia ou prosa.

Exercitava estranheza e naturalidade; faces de um mesmo rosto.

As gírias, as expressões coloquiais, as fagulhas da contracultura conviviam, com ou/e sem conflitos, com o rigor construtivista, a consciência de linguagem e a precisão e síntese apreendidas nos haikais, no zen, no judô.

Antes de tudo poeta, sua inquietude o levou a se aventurar na música popular, na prosa, nos ensaios, nas traduções, nos grafismos, na poesia visual, no jornalismo, nas telas de vídeo ou de cinema, nas edições de revistas; assim como Torquato Neto (que desafinava o "coro dos contentes", enquanto Paulo fazia "chover" no seu "piquenique") e outros de sua geração ("pertenço ao número / dos que viveram uma época excessiva", escreveria ele no poema *Coroas para Torquato*).

Ou talvez essas modalidades todas fossem apenas outras formas dele praticar a poesia.

Segundo por segundo. Inspiração por expiração.

Tinha que pegar o cara pelo colarinho. Tinha que sacudir o cara. Tinha que pegá-lo pelo estômago.

Duelava com as teclas da máquina de escrever.

Cada letra um tiro. Um beijo.

Um desafio, um desejo.

Para ele era vida ou vida (Cruz e Souza, Bashô, Jesus, Trotski). Não fazia poesia para comentar a vida, mas para estar vivo.

"Não fosse isso / e era menos"

Agora, após dez anos que ele se foi, vamos vivê-la.

Na Pressão

*release para o disco **Na Pressão**, de Lenine, 1999*

E não é que ele conseguiu?

Depois de um disco tão impressionante como *O Dia Em Que Faremos Contato*, Lenine vem agora com essa barbaridade (no bom e novo sentido) que é *Na Pressão*. No alto e bom som.

Como se, contato feito, ele prosseguisse viagem rumo à síntese; a uma definição maior de sua linguagem, que confirma e ao mesmo tempo vai além. Aprimora.

A combinação acústico-eletrônica (violão, percussão + sampler, programação) continua gerando frutos originais, surpreendentes. O swing com peso. Os arranjos-colagens, onde os sons gravados entram e saem na edição, mudando a cada momento as texturas e as relações de espaço, sem romper o transe.

A profundidade — Música em 3 dimensões. Sons ao longe e sons que batem de frente na testa. Não só por sua colocação na mixagem, mas principalmente pelos timbres trabalhados. Alguns massa compacta, de socar com a mão. Outros zumbindo em torno da cabeça. E outros ainda vindo por detrás, empurrando as pernas, terremoto obrigando a dançar. Etc. e tanto.

Se no disco anterior tínhamos *A Ponte*, ligação entre dois pontos; temos agora *A rede*, onde os pontos e conexões se multiplicam.

A junção, num mesmo signo, desses dois universos — o artesanal (rede de balançar, rede de pescar) e o cibernético (rede de transmitir informação) — "meu tao e meu tão" —, expressa muito do princípio criativo de Lenine. "Natural analógico e digital". "Astronauta Tupi" na aldeia global.

Também em forma de "rede" se desenvolvem algumas letras de *Na Pressão*, com o entrelaçamento sonoro das palavras desdobrando relações de sentido. Principalmente nas duas únicas assinadas pelo próprio Lenine — *Jack que Soul Brasileiro* ("... do tempero e do batuque / do truque do picadeiro / do pandeiro e do repique / do pique do funk rock / do toque da platinela...") e *Meu Amanhã (Intuindo o TU)* ("minha meta, minha metade / minha seta, minha saudade / minha diva, meu diva / minha manha, meu amanhã"), onde é inevitável, com a sugestão composta pelas rimas em ã e pelo desenho melódico característico, a lembrança do nome de Djavan.

Oswald de Andrade, em *A Crise da Filosofia Messiânica*, espécie de versão filosófica da Antropofagia, expõe o que acredita ser "a formulação essencial do homem como problema e como realidade": "1º termo: tese — o homem natural / 2º termo: antítese — o homem civilizado / 3º termo: síntese — o homem natural tecnizado".

A resultante dessa equação pode caracterizar bem o som de Lenine que, assim como Chico Science, mas de maneira muito própria, conjuga essas pontas ("pontes") — raízes e antenas. A zabumba e a programação de ritmo. Modernidade radical relendo a tradição. Alta tecnologia em prol da pulsão mais primitiva.

Em 1977, Caetano Veloso citou, numa entrevista ao extinto tabloide *Aqui São Paulo*, uma declaração de José Agrippino de Paula, em que este dizia: "Ah, o Oswald de Andrade já disse tudo! Agora a gente precisa viver o que ele disse".

Eu acho curiosamente reveladora essa colocação, porque é exatamente isso que parece ter sido feito pela Tropicália, em relação à Antropofagia. Muitas coisas que se apresentavam como projeto na visão de Oswald foram digeridas e viraram ação, processo, atitude, quarenta anos depois, com o movimento tropicalista. Caetano chegou a declarar, na época (em conversa com Augusto de Campos, registrada em *O Balanço da Bossa e Outras Bossas*): "o Tropicalismo é um neo-Antropofagismo".

Algo semelhante vem ocorrendo com essa rapaziada dos anos 90 — Lenine, Chico Science e Nação Zumbi, Carlinhos Brown, Mundo Livre S.A., Otto, O Rappa, Pedro Luís e a Parede, entre outros. A ruptura dos limites entre gêneros e repertórios transformada em vida. O trânsito livre entre as diferenças instituído como uma realidade cultural, a partir da qual se cria.

(Jorge Benjor, com a mais genuína fusão de samba e rock, e os Novos Baianos, nos anos 70; os Paralamas do Sucesso, nos 80; entre outras coisas, como os próprios trabalhos posteriores dos tropicalistas, já apontavam para essa incorporação orgânica da diversidade.)

Se Caetano cantou, no futuro da terceira pessoa: "Um índio descerá de uma estrela colorida brilhante", Lenine o cita agora (em parceria com Carlos Rennó), cantando, no presente da primeira pessoa: "Sou o índio da estrela veloz e brilhante" — em *Tubi Tupy*, que aponta também para o Manifesto Antropófago ("Tupi or not tupi that is the question"), em seu título.

Uma tradição potente pede uma atitude potente frente a ela.

É sintomático desse contexto, o fato de Lenine abrir *Na Pressão* com *Jack Soul Brasileiro*, sua homenagem a Jackson do Pandeiro. Ao pegar como ícone aquele "que fez o samba embolar / que fez coco sambar", que fez a gafieira virar um forró, que misturou chiclete com banana (cultura de exportação, *vide* Oswald), ele esclarece logo de cara que sua intenção trafega num território mestiço.

E é com traços de samba coco funk maracatu embolada rock balada rap repente baião, filtrados num caldeirão muito pessoal (quem mais poderia ter a brutalidade tão particular da sua pegada no violão, peso com swing?), que Lenine vai elaborar o seu caldo.

Está tudo lá. Os barulhos dos trabalhadores na obra. O acordeão de Dominguinhos. Os carros na rua. A profusão de ritmos nas mãos de Marcos Suzano e Naná Vasconcelos. O gemido do balanço da rede. Os baixos, guitarras, rugidos e distorções do produtor Tom Capone. A sandália havaiana riscando a areia da pista do arrasta tecno. O coro dos Raimundos. O samba em Tel Aviv. O ronco da máquina. Pedro Luís e a Parede. A rabeca de Siba. O gemido da ema. A Banda de Pife de Caruaru. O apito da panela de pressão. Etc. e tão.

Ouvi-lo dá vontade de fazer música, como todas as boas coisas do ramo.

Dançá-lo lhe faz jus.

Celebração do desejo

*texto para catálogo da exposição **Tantra Coisa**,
de Aguilar, agosto de 1999*

*"1. O Homem não tem um Corpo distinto de sua Alma, pois
o que se denomina Corpo é uma parcela da Alma, discernida
pelos cinco Sentidos, os principais acessos da Alma nesta etapa,
2. Energia é a única vida, e provém do Corpo; e Razão, o
limite ou circunferência externa da Energia.
3. Energia é Deleite Eterno."*

William Blake, em *O Casamento do Céu e do Inferno*

Aguilar sempre tratou a pintura de uma forma extática. Orgia de cores expondo vestígios de seu corpo em giros, curvas, movimentos expressos e impressos nas camadas de tinta sobre a tela. Do tato tinta na pele tela.

Com intenção parecida adentrou pioneiramente na videoarte. A câmera-pincel refazendo o traçado dos gestos. Chupando a superfície de pessoas coisas cores, reveladas por sua transformação em fluxo luminoso; linhas pulsantes. "O olho do diabo".

E vieram as performances, também marcadas pela presença física do corpo, e pela exploração de suas possibilidades — piano tocado com luvas de boxe, dançarinas pintadas ao vivo, a destruição canibalesca da palavra "ARTE" recortada em grandes letras de isopor, extintores de incêndio jorrando sobre o público, a gigantesca orelha de Van Gogh etc.

Sem abandonar a pintura — porto seguro de onde sempre partiu para outros descobrimentos —, Aguilar chega agora a uma nova encruzilhada-síntese dos diversos meios por onde a imagem corre. Onde matéria e realidade virtual se alimentam mutuamente, abrindo territórios e repertórios virgens, a serem explorados.

Inicialmente capturando pessoas nuas com a câmera de vídeo, num fundo branco. Depois pintando seus corpos e novamente videoteipando-os enquanto brincam, se abraçam, rolam pelo chão se misturando às tintas — manchando o fundo, confundindo-se com ele.

Dessas cenas em movimento, filtra alguns instantâneos. Contorções, risos, arquejos, dança. Flagrantes de catarse digitalizados e remontados dentro do computador. Expressões que, congeladas, parecem ganhar algo de sublime. Desproporções, fusões, colagem.

Com o mouse-pincel embebido em cor-luz, Aguilar repinta os corpos. Transmutação eletrônica.

Depois essas imagens são impressas digitalmente, em grandes telas, sobre as quais ele soma novas camadas de pintura ao vivo. A tinta real parece então devolver corpo físico à alma anteriormente processada pelos meios eletrônicos.

O trânsito entre linguagens faz com que uma acabe injetando suas particularidades na outra — a mão que move o pincel ou o tubo de tinta contamina-se de correntes elétricas. As misturas de cores simulam efeitos eletrônicos de luz. Ao mesmo tempo, o mouse ou a câmera ganham características orgânicas, em sua atuação. E assim vão surgindo essas imagens ao mesmo tempo táteis e evanescentes, concisamente amarradas pela presença do corpo. O corpo que pinta e o corpo que é pintado. A sede de um tomando a água do outro.

Em vez de cobrir a pele impressa, a tinta manuseada por Aguilar parece acentuar o caráter dionisíaco de sua nudez; acendendo contornos. As dimensões ampliadas de pelos bicos coxas bundas umbigos sexos rostos pés compõem gigantescas paisagens, que a pintura excita. Rios de tinta escorrendo entre montes-seios, até o vale-púbis. Céu de azul vibrando branco sobre a terra de corpos fundidos. Corrosões de vermelho em abismos de pele rósea. Rosto rubro inflamado por traços brancoazuis. Ondas amarelaranjaverdeazulvermelhas circulando como energia nos limites entre as cinturas. Maremotos, incêndios, tempestades.

Ao associar o caráter libertário da libido à demolição das fronteiras puritanas entre códigos de naturezas diferentes, Aguilar depura os sentidos, fazendo do êxtase sexual um êxtase de linguagem.

"Desejos coloridos escorregam molemente da superfície da tela".

Finalmente, esse resultado reverbera ainda em poemas-legendas, onde Aguilar comenta os corpos, os quadros, o processo de sua realização. Com ritmo de poesia e pique de gibi, texto e imagem se atritam em múltiplas fagulhas associativas. Pequenas narrativas criadas a partir das cenas, como os corpos que emergem da tinta. Descrições sensoriais, onde as telas são cenários vivos. Referências desmistificadoras à tradição estética, filosófica etc. (de deuses gregos à Guerra nas Estrelas, de Manet Renoir Goya ao Gato Félix, de Safo a Sharon Stone etc.). Flashes de pensamento interdisciplinar explodindo para dentro/fora da pintura, do vídeo, da literatura, dos mitos, dos saberes.

"... Depois
de tatuar na pele
todos os quadros do mundo"

De pedra

*texto sobre obra de Nuno Ramos, para o livro **Imagem Escrita**,
organizado por Renata Salgado, Ed. Graal, 1999*

é pedra desde dentro pedra impenetrável sólida maciça nela o
espaço aperta e pesa o espaço espessa a massa se contrai condensa
aglomerado de átomos amalgamados formando um calombo de
matéria crassa concreção calcárea de árida epiderme acidentada
crosta crespa acinzentada por fora porosa em toda a superfície fóssil
concentrada como um diamante mas gigante e opaca se for oca é
gruta mas bem mais escura por dentro é de pedra tão ou mais secreta
quanto a parte externa se estiver ao sol mas olho algum parar pra
ver aquele enorme contrário de pérola enrugado e ainda mais ras-
gado ao meio emoldurando o vento sem recheio em sua rachadura
pois se é mesmo dura então como se quebra? como isso acontece
nela? leva muito tempo? estala? racha quando o raio raia? chuva?
sol? tremor de terra? vento? quanto tempo leva? a pasta entra e ali
se instala se conforma bem na forma que já estava entre as partes
pedras que antes foram uma e ainda são inteira com seu vão que a
cera agora redesenha desde fora é cera talvez de sintética fatura mas
da mesma consistência que a cera que sai de dentro de uma abelha
até pousar na pedra pegajosa nela o espaço mela quando toca mole
gruda se apalpada muda de figura amolda-se acomoda-se ao que a
mão lhe impõe a cada novo toque toma nova forma doce? amarga?
cola branca como a lua branca como a página antes de esculpida em

letra preta branca obturando a pedra mas se resolver botar o dedo
ali na massa e apertá-la a marca fica nela e se enfiar a mão pegar um
tanto dela aquilo sai desprega é fácil de limpá-la mas a pedra fixa
ficará parada com seu corte aberto o seu sorriso ao céu e em volta
dela a grama e ao redor da grama crescendo outras pedras e outros
fios de esperma em suas rachas pregas escondendo o dentro o vinco
o ventre o entre se desesculpindo numa quase perna se não fosse
pedra se diria sexo se não fosse apenas vaselina ali lubrificando
a greta aberta de uma pedra nua pra lembrar que resta um pouco
menos dela no seu corte que não é de carne não nem carne dura
pão nem carne crua nem que houvesse alguma mínima gordura nela
nunca poderia parecer vermelha nunca poderia apodrecer azul nem
curva de decote se pareceria o seu recorte áspero que o unguento
engole agora emprenha tudo com seu conteúdo mole na fissura
não se escuta mais a voz do vento agora o branco tapa entope seu
ouvido cera nos sulcos da orelha para não entrar o canto de sereia
que naufraga o olho entregue à perda agora está completa à pedra
o que é de pedra até que um dia quebra um dia vai virar areia um
dia vai descongelar um dia vai jorrar petróleo um dia vai rolar
montanha abaixo assim ou não de baixo a cima ou sim a parafina
vai reter a queda? vai manchar a pedra de chiclete um dia vai cho-
ver gilete lá de cima um dia veio uma pessoa se sentou naquela e
quando viu já era sem nenhum ruído a coisa abriu ao meio como
um figo podre engolindo a pessoa que estivesse ali talvez fazendo
nada vendo a paisagem passando parada transformando nuvens
em dragões ou rostos não sobraram ossos nem olhares quando a
boca abriu a pedra sobre pedra não sobrou pessoa ou sombra de
pessoa alguma para olhar à toa para o céu e para o que no céu avoa
quando o chão da pedra abriu-se de repente em outras desmetades
sobre o solo colo que a ampara como ampara um boi quebrá-la

foi como cobri-la ou se quebrou por si ou se cobriu de espuma e se expeliu seu creme derreteu-se? fez-se? desfez-se sozinha? e se aquela coisa for de dentro dela que saiu madura após a longa espera vazou da espessura estreita transbordou na borda da ranhura expulsando o pus de um abcesso como se lá dentro fosse viva e lá de dentro do mais dentro dela brotasse pra fora pelas fendas suco pelos sulcos como o que se diz tirar ele da pedra leite de um peito gigante cagado que se hipopótama alma derretendo-se alva amnésia da lava que sedimentou há milhares de anos quando os dinossauros nem tinham nascido e solidificou num colosso de corpo que depois de séculos adormecido retorna ao colostro ou neve se nevasse nessa área pasta dentifrícia creme de beleza talvez seiva branca não seria pois que vegetais assim com essa dureza não se encontram mais aqui nessa floresta nem se nota nunca um mero movimento nesse monumento a nada nem pegada nem a massa impregnada vai ficar depois que os anos se passarem só por um momento na fotografia ela será lembrada pela cera ali depositada para revelar a ausência de matéria que ninguém repara pois mimetizada a pedra oculta a própria fresta aberta nela inversamente ao ato com que se disfarça fecha a rachadura da parede ou teto com cimento gesso massa fina e tinta branca até sumir que o olho anseia sempre a superfície ilesa inteira amaciada de beira à beirada seda sobre a pele sobre a carne plástica pra disfarçar as rugas qual narciso sobre o lago o olho liso arredondado quer a forma lisa polida espelhada não suporta a falta de matéria o vão a porta aberta a falha e como se dizendo vamos completá-la dar a volta e meia-volta arredondá-la mas agora não pelo contrário aqui descamuflada pela pasta que a remenda de outra cor na sua casca escura a curva se destaca mais quando se emplastra a rubrica despercebida que o tempo cunhou bem antes de inscrições rupestres pés e mãos de homens e bisontes flechas e mulheres como

em corações nos troncos pichações ou nada disso apenas a escritura pura casual da pedra que se deixa ver pra desaparecer na cera como os tufos de algodão metidos no nariz do morto eu nunca soube se era para não sair o cheiro por ali dos mesmos orifícios pelos quais nos vivos o cheiro penetra ou pra não estranharmos que de lá não saia o ar que ele estaria respirando ainda se vivesse assim a gosma lacra a voz que se ouviria ali se ela falasse pedra pela brecha seca agora o branco abafa o eco já não canta o vem do vento nela já não roça mais nem pata de formiga nem lagarto um pássaro faria um ninho ali poria um ovo cuja casca fina para absorver calor protegeria a proteína exata que alimenta o feto ali lotando a cada dia mais o espaço que provavelmente algum lagarto ou outro predador qualquer devoraria branco como a parafina mas de casca frágil como o vidro fino de uma lâmpada algo que se quebra como a pedra quebra não derrete como o plástico derrete não escorre como a água gema ou clara não dissolve como o sal nem mancha a roupa de um coveiro ou jardineiro como a terra preta que protege tudo do calor do fogo interior oculto que o vulcão expele em outras regiões deste planeta terra onde tem tanta pedra diferente e tanta gente pra não ver na fresta as suas vísceras de pedra entre por que não deixar a sua superfície irregular pra sempre? para quê cobri-la? para quem tapá-la? para quem se abriu qual ventre aquela vala? qual o tato humano ou desumano que nela resvala? qual o odor sabor da branca flor que brota e desabrocha agora no chão dessa rocha?

Bibliografia

Ou E. Edição do autor, 1983.
Psia. São Paulo: Expressão, 1986; Iluminuras, 1991.
Tudos. São Paulo: Iluminuras, 1990.
As Coisas. São Paulo: Iluminuras, 1992.
Nome. Livro, disco e vídeo (realizado em parceria com Celia Catunda, Kiko Mistrorigo e Zaba Moreau). São Paulo: BMG Brasil, 1993.
2 ou + corpos no mesmo espaço. São Paulo: Perspectiva, 1997.
Doble Duplo. Seleção, tradução e arte por Iván Larraguibel. Zaragoza/ Barcelona (Espanha): Zona de Obras/ Tangará, 2000.
40 Escritos. Coletânea de ensaios, organizada por João Bandeira. São Paulo: Iluminuras, 2000.
Outro. Poema de Arnaldo Antunes e Josely Vianna Baptista, arte de Maria Angela Biscaia. Curitiba: Fundação Cultural de Curitiba, 2001.
Palavra Desordem. São Paulo: Iluminuras, 2002.
ET Eu Tu. Poemas de Arnaldo Antunes, fotografia de Marcia Xavier. São Paulo: Cosac Naify, 2003.
Antologia. Vila Nova de Famalicão (Portugal): Quasi Edições, 2006.

Frases do Tomé aos Três Anos. Porto Alegre: Ed. Alegoria, 2006.

Como É Que Chama o Nome Disso. São Paulo: Publifolha, 2006.

Saiba / A Nossa Casa. Com desenhos de Dulce Horta. São Paulo: DBA, 2009.

Melhores Poemas. Seleção e prefácio de Noemi Jaffe. São Paulo: Global Editora, 2010.

N.D.A. São Paulo: Iluminuras, 2010.

Animais. Com Zaba Moreau, ilustrações do Grupo Xiloceasa. São Paulo: Editora 34, 2011.

Cultura. Ilustrações de Thiago Lopes. São Paulo: Iluminuras, 2012.

Las Cosas. Montevideo (Uruguai): Yaugurú/Grua Livros, 2013.

Instanto. Seleção e tradução de Reynaldo Jiménez e Ivana Vollaro. Barcelona (Espanha): kriller71ediciones, 2013.

Outros 40. Coletânea de ensaios, organizada por João Bandeira. São Paulo: Iluminuras, 2014.

Discografia

com Titãs
Titãs. WEA, 1984.
Televisão. WEA, 1985.
Cabeça Dinossauro. WEA, 1986.
Jesus não tem dentes no País dos Banguelas. WEA, 1987.
Go Back (ao vivo em Montreux). WEA, 1988.
Õ Blésq Blom. WEA, 1989.
Tudo ao mesmo tempo agora. WEA, 1991.

solo
Nome. BMG, 1993.
Ninguém. BMG, 1995.
O Silêncio. BMG, 1996.
Um Som. BMG, 1998.
O Corpo (trilha para dança). Grupo Corpo, 2000.
Paradeiro. BMG, 2001.
Saiba. Rosa Celeste, 2004.
Qualquer. Rosa Celeste/Biscoito Fino, 2006.
Ao Vivo no Estúdio. Biscoito Fino, 2007.
Iê Iê Iê. Rosa Celeste, 2009.
Ao Vivo Lá em Casa. Rosa Celeste, 2011.
Acústico MTV. Rosa Celeste, 2012.
Disco. Rosa Celeste, 2013

com Marisa Monte e Carlinhos Brown
Tribalistas. Phonomotor/EMI, 2003.

com Edgard Scandurra, Taciana Barros e Antonio Pinto
Pequeno Cidadão. Rosa Celeste, 2009.

com Edgard Scandurra e Toumani Diabaté
A Curva da Cintura. Rosa Celeste, 2011.

CADASTRO

ILUMI//URAS

Para receber informações
sobre nossos lançamentos e
promoções envie e-mail para:

cadastro@iluminuras.com.br

Este livro foi composto em Times Roman e
terminou de ser impresso em abril de 2014 nas
oficinas da *Orgrafic Gráfica,* em São Paulo, SP,
em papel off-white 90g.